PLACHUTTA
KLASSIKER DER WIENER KÜCHE

Ewald und Mario Plachutta

PLACHUTTA
KLASSIKER DER WIENER KÜCHE

Unter Mitarbeit von *Günter Köck*,
Küchendirektor der Plachutta Restaurants

Mit Weintipps von *Willi Klinger*

Brandstätter

»Die Wiener Küche« - Ein kulinarisches Juwel

Wien, die einzigartige Stadt im Herzen Europas, die weltweit wie kaum eine andere Metropole in Hinblick auf Musik, Kunst und Kultur eine führende Stelle einnimmt, beherbergt ein kulinarisches Juwel: die Wiener Küche.

In heutiger Sichtweise entspricht sie aufgrund ihrer historischen Entwicklung dem Typus einer Fusionsküche mit im Ursprung italienischen, türkischen, spanischen und französischen Wurzeln. Wien als Machtzentrum des Habsburger-Reiches vereinte viele Nationen, deren Nationalküchen von Diplomaten und ihrem gesellschaftlichen Umfeld, den Militärs, Zuwanderern, Köchen und Haushaltshilfen nach Wien importiert wurden, wo sie zu einer selbstständigen Küche, der „Wiener Küche", verschmolzen. Die Nähe zu Wien bewirkte, dass Böhmens Mehlspeisen-, Braten- und Knödelküche sowie Ungarns paprikadominierte Gulaschgerichte einen nicht unwesentlichen Teil der Wiener Küche ausmachen, wobei Letztere in ihrer „Wiener Fasson" eine gewisse Eigenständigkeit gegenüber dem Original entwickelten.

Die Wiener Küche jedoch auf Einflüsse aus den Regionen und Ländern der k.u.k Monarchie zu beschränken, wäre eine unzulässige Verkürzung. Die Wiener Küche ist das Resultat einer Rezeptvielfalt, deren Ursprünge nicht immer eindeutig zuzuordnen sind und zur österreichischen Regionalküche fließende Grenzen aufweisen. Wer Wien bereist, orientiert sich an dem, was diese Küche als Aushängeschild führt: Wiener Schnitzel, Tafelspitz, Gulasch, Sachertorte und Apfelstrudel. Wer aber nach den Grundsätzen der Wiener Küche sucht, erkennt schnell, dass sie eine Küche für alle Bevölkerungsschichten darstellt. In ihr verbinden sich kulinarische Glanzlichter der k.u.k. Hofküche, der Herrschaftshäuser und Adeligen mit den Bedürfnissen der Bevölkerung.

Als eines der charakteristischen Merkmale der Wiener Küche gilt die Rindsuppe mit ihrer weltweit konkurrenzlosen Vielfalt an unterschiedlichen Suppeneinlagen. Im Gegensatz zur französischen, geklärten und von jeglichem Fett befreiten Consommé (Kraftbrühe) gibt sich die wienerische Rindsuppe mit ihren typischen „Goldaugen“ ungeschönt bieder und dennoch gehaltvoll. Das hat den Vorteil, dass im Idealfall reichlich im selben Arbeitsgang mitgekochtes Rindfleisch nebst Wurzelgemüse, Markscheiben und Lauch als Hauptgericht dient.
Die Vielfalt an Suppeneinlagen in der Wiener Küche hat sich nicht zuletzt dadurch entwickelt, dass es in früheren Zeiten selbstverständlich war, Reste und auch Innereien möglichst sinnvoll zu verwerten. Lebernockerl und Leberknödel oder Käseschöberl sind Zeuge dieser Bemühungen. Brotreste wurden in Form einer kostenschonenden „Panadelsuppe“ verwertet, Karpfeninnereien sind die Basis für die in Wien traditionell zu Weihnachten beliebte Fischbeuschelsuppe.

DAS WIENER SCHNITZEL UND DIE VORLIEBE DES WIENERS FÜR GEBACKENES

Um die Herkunft des Wiener Schnitzels ranken sich viele Legenden und Mythen, eindeutige Belege gibt es keine. Fakt ist, dass man sich der Zubereitung eines echten Wiener Schnitzels mit einem gewissen Fachwissen nähern sollte. Es ist ja eine bekannte Weisheit, dass das scheinbar Einfache besonderer Zuwendung bedarf.

Das original Wiener Schnitzel wird ausschließlich aus Kalbfleisch zubereitet.

Das original Wiener Schnitzel wird ausschließlich aus Kalbfleisch zubereitet. Klassisch verwendet man dafür eine sorgfältig zuparierte Kalbschale, das sogenannte Kaiserteil. Gourmetrestaurants wählen die noch zartere Rose vom Kalbsrücken, was den höheren Preis rechtfertigt und dem Gaumen schmeichelt. Im privaten Bereich steht es jedem frei, kostengünstige Schweinsschale oder saftigen Schweinsschopf zu verwenden.
Wie dick oder dünn und wie stark gebräunt ein Wiener Schnitzel sein soll, ob Butterschmalz oder geschmacksneutrales Öl das ideale Backfett ist, daran scheiden sich die Geister. Grundsätzlich sollte das Schnitzel eine Stärke aufweisen, bei der der Geschmack des Fleisches nicht von jenem der knusprigen Panier übertönt wird. Als klassische Beigabe ist nebst einer unbehandelten Zitronenspalte Erdäpfelsalat obligatorisch, der in seiner Konsistenz eine leichte Cremigkeit aufzuweisen hat und nach Wunsch mit Vogerlsalat kombiniert wird.

Die Vorliebe des Wieners, respektive des Österreichers, für „Gebackenes" – seien es nun das gleichermaßen wie das Schnitzel beliebte ausgelöste Backhendl, der traditionell in Wien am Heiligen Abend sehr geschätzte gebackene Weihnachtskarpfen oder die von Vegetariern favorisierten gebackenen Champignons, Steinpilze, Selleriescheiben oder Karfiolröschen mit Sauce Tatar – ist ungebrochen und nährt die Vermutung, dass alles, was im knusprig-goldenen „Bröselkleid" gebacken wird, hierzulande sehr willkommen ist.

KULINARISCHE KLEINKUNST: »HAUSMANNSKOST«

Die Herkunft des Begriffs „Hausmannskost" ist heute in Vergessenheit geraten. Sinn und Zweck dieser Küche war es in früheren Zeiten, Reste von Braten, Siedefleisch, Schinken, Teigwaren und Erdäpfeln in wahre Geschmackssymphonien zu verwandeln: Hausmannskost ist in ihren Ursprüngen eine kreative Reste-Verwertungs-Küche. Die Wiener Küche weist einen sehr reichen Schatz an solchen Rezepten auf.

Die Herkunft des Begriffs »Hausmannskost« ist heute in Vergessenheit geraten.

Die ungebrochene Beliebtheit klassischer Gerichte der Wiener Hausmannskost wie Schinkenfleckerl, Grammelknödel, geröstete Knödel, Grösteln aller Art, Hascheenudeln, Briesnudeln, Grammelschnmarrn, Grenadiermasch oder Erdäpfelgulasch bezeugt, dass diese in Wien traditionell sehr beliebte und gepflegte Küchenkleinkunst, „Einfaches in etwas Besonderes" zu verwandeln, bis heute Gültigkeit besitzt. In heutigen Zeiten, in denen der sorgsame Umgang mit Lebensmitteln, auch unter dem Motto „Nose to Tail", zunehmend wieder in den Mittelpunkt rückt, wird deutlich, wie zukunftsweisend dieses kulinarische Erbe ist.

DER WIENER FESTTAGSBRATEN

In Zeiten, in denen der Sonntagsanzug den Arbeitstag vom Ruhetag auch optisch trennte und Feiertage ihrem Sinn gemäß gefeiert wurden, galt der „große Braten" als kulinarischer Höhepunkt familiären Speisens. Als Gastwirtschaften mit mittels Holz oder Kohlen befeuerten Herden ausgestattet waren und Blockeis aus Eisfabriken die Kühlhäuser und Kühlschränke versorgte, war die Bratenküche eine logistische Wunderwaffe. Frisch zubereitet und im Rohr warm gestellt, konnten Braten durch fachmännisches Tranchieren mit Messern enormen Ausmaßes und massiver Klinge hunderte, ja tausende Gäste schnell und qualitativ hochwertig versorgen. Die Wiener Küche bietet dafür ein wunderbares Repertoire. Wir präsentieren in diesem Band den wohl beliebtesten Klassiker unter den Wiener Festtagsbraten, den Nierenbraten. Im „Ottakringer Bräu", dem „Vorfahren" des heutigen „Plachutta Hietzing" und seinerzeit eine Großgaststätte enormen Ausmaßes – allein schon der Gastgarten bot über 1000 Plätze –, wurden, wie Zeitzeugen berichten, auf diese Weise an schönen Sonn- und Feiertagen über 4000 Gäste versorgt.

In früheren Zeiten waren große Braten wahre Wunderwaffen der kulinarischen Logistik.

DAS SÜSSE WIEN

Die Wiener Küche gilt zu Recht als beste und umfangreichste „Mehlspeisküche" der Welt. Daran wird sich wohl auch trotz Globalisierung und des Vormarschs ethnischer Küchen mit ihren vielfältigen Einflüssen nichts ändern. Zu beliebt und begehrt sind Marillenknödel, hauchdünn ausgezogener Apfelstrudel, die wohl berühmteste Torte der Welt, die Sachertorte, und klassische Desserts wie Maronireis, der in Wien traditionell auf Schlagobers und mit Amarenakirschen garniert serviert wird, zart schmelzende Schneenockerl mit Vanille,- Erdbeer- und Schokoladesauce und Co.

Wer durch die Flaniermeilen der Wiener Innenstadt schlendert und sich an den Auslagen der berühmtesten Konditoreien ergötzt, den verführt allein schon der Anblick zum Genießen.

Eine Besonderheit der Wiener Küche sind auch die vielen süßen Hauptgerichte, für die sich nicht nur Vegetarier begeistern. Ob Kaiserschmarren, Fruchtknödel, Topfenknödel oder gebackene Mäuse, Scheiterhaufen oder Reisauflauf – die Wiener Küche bietet für jeden Geschmack ein kleines „süßes Paradies".

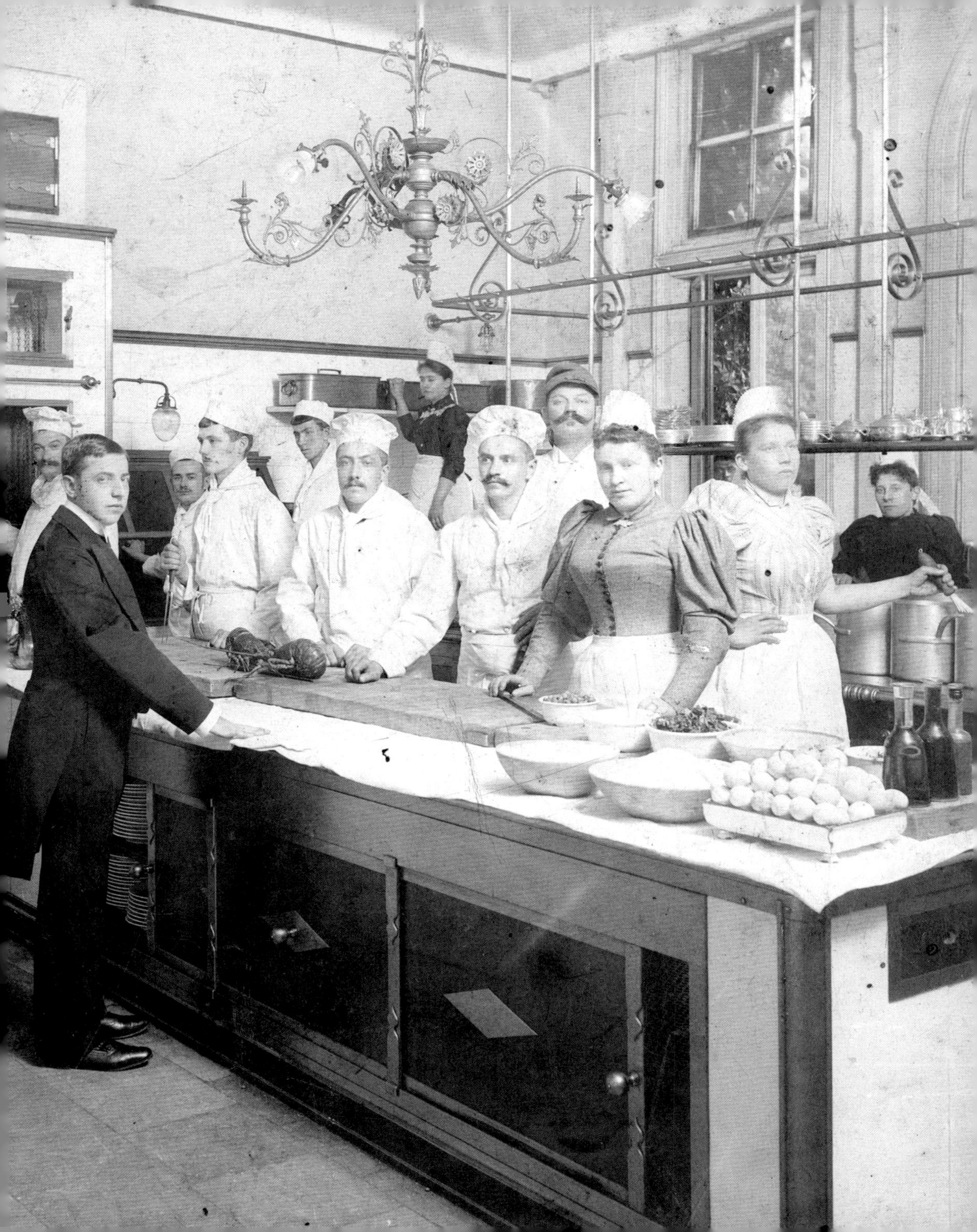

Die Wiener Küche im Wandel der Zeit

In den letzten Jahrzehnten hat einschlägige Literatur die österreichische Küche mit ihren vielen regionalen Spezialitäten als Gegenpol zur Wiener Küche in Szene gesetzt. Dennoch war die Wiener Küche im vorigen Jahrhundert auch in den Bundesländern nicht nur auf vielen Wirtshausschildern präsent, sondern schlechthin der Inbegriff einer Nationalküche.

Heute wirken verschiedenste globale und gesellschaftliche Veränderungen auf die Wiener Küche ein. Zum einen befindet sich das Kochen am eigenen Herd auf dem Rückzug, das Wissen um die Zubereitung traditioneller Gerichte wird nicht mehr wie früher von Generation zu Generation weitergereicht. Und die einst so bedeutende Wiener Innereienküche wird zwar gern glorifiziert, findet aber, realistisch betrachtet, immer weniger Anklang.

Eine lebendige Küche wie die Wiener Küche verändert sich ständig.

Gleichzeitig sehen immer mehr Menschen Kochen als etwas Besonderes, als eine Möglichkeit, kreativ tätig zu sein und sich und ihren Lieben etwas Gutes zu tun. Sei es ein rasch zubereitetes Pfannengericht nach einem langen Arbeitstag, sei es ein fantasievolles Menü, um Gäste zu verwöhnen, oder das gemeinsame Kochen mit Freunden: Selbst gekochtes Essen bietet einen ganz besonderen Genuss. Dazu kommt die Sicherheit, genau zu wissen, welche Zutaten verwendet wurden und woher sie stammen.

Eine lebendige Küche wie die Wiener Küche verändert sich ständig. Manches taucht kurzfristig auf und verschwindet so schnell, dass man es kaum wahrnimmt. Anderes etabliert sich langfristig. Auf die Kraft dieser Küche kann man vertrauen, das Erhaltenswerte wird in die Zukunft getragen werden. Das vorliegende Büchlein möge seinen Beitrag dazu leisten.

Kleine Speisen und Suppen

TRADITIONELLE AUFSTRICHE, SUPPEN UND SALATE FÜR DEN KLEINEN HUNGER

Heurigen-Eiaufstrich

ZUTATEN FÜR 4 PORTIONEN

5 Eier, hart gekocht
150 g Butter, weich
25 g Mayonnaise
Salz
Pfeffer
2–3 EL Schnittlauchröllchen
Radieschenstifte zum Bestreuen

DAZU PASST

Jugendlich-knackiger Weißwein, z.B. Welschriesling, oder klassischer Grüner Veltliner, Gemischter Satz oder Weißburgunder.

ZUBEREITUNG

Eier durch ein Passiersieb oder eine Kartoffelpresse drucken, mit weicher Butter und Mayonnaise verrühren. Mit Salz und Pfeffer würzen, auf Brote streichen, mit Schnittlauchröllchen und mit Radieschenstiften bestreuen.

TIPP Am einfachsten und besten ist es, Eier, weiche Butter und Mayonnaise im elektrischen Kleinschneider zu einem homogenen Aufstrich zu verarbeiten.

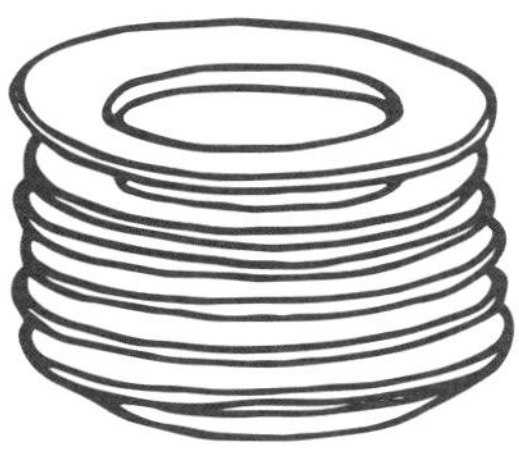

Erdäpfelaufstrich

ZUTATEN FÜR 4 PORTIONEN

300 g Erdäpfel, mehlig, roh, geschält
Salz
100 g Butter, weich
100 g Topfen, 20%
100 g Crème fraîche
60 g Zwiebeln, fein geschnitten
Pfeffer

DAZU PASST

Rassiger Sekt mit Struktur, z.B. Rieslingsekt, Leithaberg DAC weiß, vollmundiger Rotgipfler oder mineralischer Weißburgunder. Alternativ fruchtbetonter, samtiger Rotwein (z.B. Rubin Carnuntum).

ZUBEREITUNG

Erdäpfel in gleichmäßige Stücke schneiden, in Salzwasser kochen, abseihen, ausdampfen lassen. Mit einem Passiersieb oder einer Erdäpfelpresse passieren. Butter schaumig rühren, mit Topfen, Creme fraîche und Zwiebeln vermischen. 250 g passierte, erkaltete Erdäpfel abwiegen, daruntermischen, mit Salz und Pfeffer würzen.

TIPP Ergänzen Sie den Aufstrich mit gerösteten Speckwürfeln, fein gehackten Pfefferoni, fein würfelig geschnittenem Schinken, etwas frisch gerissenem Kren oder rühren Sie 20 g Kürbiskernöl unter den Aufstrich.

Liptauer

ZUTATEN FÜR 6 PORTIONEN

60 g Butter
250 g Brimsen oder Topfen, passiert
2 EL Sauerrahm
60 g Zwiebeln, fein gehackt
1 KL Kapern, fein gehackt
1 TL Estragonsenf
1–2 KL Paprikapulver
Salz
Pfeffer
2 KL Kümmel, ganz
MS Sardellenpaste
oder Sardellenfilets, gehackt
1 EL Schnittlauchröllchen

DAZU PASST

Kräftiger Grüner Veltliner, z.B. Weinviertel DAC Reserve, aber auch Neuburger oder ein kerniger Rosé. Oder pikanter Blaufränkisch mit zarter Kräuterwürze, z.B. Eisenberg DAC oder Mittelburgenland DAC.

ZUBEREITUNG

Handwarme Butter glatt verrühren. Brimsen (Topfen) darunterrühren.
Sauerrahm hinzufügen, alle anderen Zutaten bis auf den Schnittlauch verrühren und pikant abschmecken. Abschließend mit geschnittenem Schnittlauch bestreuen.

TIPP Wenn Sie Brimsen verwenden, benötigen Sie nur sehr wenig Salz, da dieser bereits gesalzen ist.

VARIATION Wenn wenig Zeit ist, sei die nachfolgende „Schnellversion" wärmstens empfohlen: Verrühren Sie 250 g Topfen mit 100 g Crème fraîche, 60 g feingehackten Zwiebeln, 1 TL gehackten Kapern, 2 TL edelsüßem Paprika, 2 TL Kümmel, 1 TL Estragonsenf, 1 MS Sardellenpaste, Salz und Pfeffer.

Rindfleisch in Essig und Öl mit Käferbohnen

ZUTATEN FÜR 4 PORTIONEN

400 g Rindfleisch, mager, gekocht
(z.B. Dicke Schulter
oder Mageres Meisel)
100 g Zwiebeln, weiß oder rot
0,2 l Wein- oder Hesperidenessig
ca. ¼ l Rindsuppe, fettfrei, Brühe,
gekörnt, oder Wasser
5–6 EL Öl, geschmacksneutral
Salz
ca. 350 g Käferbohnen, gekocht
Zwiebelringe, rot, zum Belegen

DAZU PASST

Zu diesem Gericht passt pikante Frische (z.B. Schilcher aus der Weststeiermark oder klassischer Sauvignon Blanc) oder Tiefgang und Rasse (z.B. kräftiger Grüner Veltliner Reserve vom Wagram oder burgenländischer Chardonnay).

ZUBEREITUNG

Rindfleisch mit einer Schneidemaschine in feine Scheiben, Zwiebeln in feine Streifen oder Ringe schneiden. Essig, kalte Suppe (Brühe oder Wasser), Öl und reichlich Salz zu einer Marinade verrühren. Marinade über Rindfleisch, Käferbohnen und Zwiebeln gießen, vorsichtig vermischen.
Einige Stunden gekühlt marinieren. Anrichten, mit roten Zwiebelringen belegen.

TIPPS Garnieren Sie das Gericht mit gehobeltem Bierrettich.
Beträufeln Sie das angerichtete Rindfleisch und die Bohnen mit Kürbiskernöl.
Im gut sortierten Handel erhalten Sie gekochte Käferbohnen in ausgezeichneter Qualität. Wenn Sie sie selbst kochen wollen: Bohnen waschen, mit ca. der dreifachen Menge lauwarmem Wasser bedeckt über Nacht einweichen. Abseihen, mit Wasser bedecken, etwas Bohnenkraut beigeben und ohne Salz kernig kochen.

Backhendlsalat

ZUTATEN FÜR 4 PORTIONEN

ca. 350 g Häuptel- und Vogerlsalat, gemischt
400 g Hühnerbrustfilet, ohne Haut und Knochen
80 g Kürbiskerne
100 g Semmelbrösel
2 Eier
Salz
Mehl zum Wenden
Öl zum Backen
ca. 3 EL Apfel- oder Weinessig
ca. 5 EL Pflanzen- oder Kürbiskernöl

DAZU PASST

Duftiger Gelber Muskateller (auch als Sekt), leichter Grüner Veltliner (z.B. Steinfeder aus der Wachau), Wiener Gemischter Satz DAC.

ZUBEREITUNG

Salat waschen, in mundgerechte Stücke teilen und gut abtropfen lassen. Hühnerbrust in beliebig große Stücke schneiden. Kürbiskerne fein hacken, mit Semmelbröseln vermischen. Eier verquirlen. Fleisch kräftig salzen, in Mehl, Ei und Kürbiskernbröseln wenden.

Öl ca. 3–4 cm hoch in einer tiefen Pfanne oder flachen Kasserolle erhitzen, Hühnerstücke vom Körper weg einlegen und auf beiden Seiten goldbraun backen. Während des Backens Pfanne leicht rütteln, Fleisch nur einmal wenden.

Vorsichtig aus der Pfanne heben und auf Küchenkrepp abtropfen lassen und abtupfen.

Essig, Öl und Salz verrühren. Salat damit marinieren und auf Tellern oder in Schüsseln anrichten. Hühnerbruststreifen auf den Salat legen.

TIPP Nach Wunsch mit Radieschen, Kirschtomatenhälften und Gurkenscheiben garnieren.

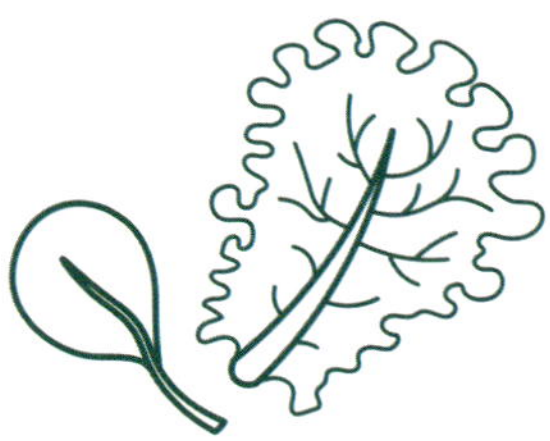

Kaiser Franz Joseph und sein Einfluss auf die Wiener Küche

Die von 1848 bis 1916 währende Regentschaft Kaiser Franz Josephs war prägend für die Wiener Küche. Aufgrund seiner für kaiserliche Verhältnisse spartanischen Essgewohnheiten und der im Jahr 1873 vom Wiener Gemeinderat beschlossenen speziellen Teilung des Rindes in zahlreiche schmackhafte Einzelstücke entwickelte sich die in ihrer Reichhaltigkeit weltweit einzigartige Wiener Rindfleischküche.

Abseits des höfischen Zeremoniells wünschte der Kaiser im Kreise seines Mitarbeiterstabes fast täglich „Gesottenes vom Rind" inklusive der traditionellen Gemüsebeilagen, Rösterdäpfel, Schnittlauchsauce und Apfelkren. Legendenumwoben und seriös nicht belegbar ist die Überlieferung, dass der Kaiser, der an der Spitze der Tafel saß, jenes Stück verabreicht bekam, welches als das beste und schmackhafteste galt, also jener Teil, der heute als „Tafelspitz" bezeichnet wird. Was bei Hofe serviert wurde, galt auch in der bürgerlichen Wiener Gesellschaft als salonfähig.

THRONBESTEIGUNG IM REVOLUTIONSJAHR

Im Zuge der Bürgerlichen Revolution im Jahr 1848 floh der Hof aus Wien. Zunächst nach Innsbruck, später nach Olmütz, wo fieberhaft an einer Lösung gearbeitet wurde. Von Kaiser Ferdinand war nichts zu erwarten, und auch sein Bruder, Franz Josephs Vater, Franz Karl, war nicht die Persönlichkeit, der man die nötige Intelligenz, Tatkraft und das entsprechende Auftreten zutraute. So war immer öfter vom jungen Franz als Nachfolger die Rede. Am 2. Dezember 1848 dankte Kaiser Ferdinand schließlich ab und Franz Karl verzichtete auf den Thron. So wurde Franz Joseph im Alter von nur 18 Jahren Kaiser von Österreich.

»VIRIBUS UNITIS«

„Mit vereinten Kräften" lautete der Wahlspruch des jungen Kaisers. Als er den Thron bestieg, war er Monarch eines 56 Millionen Einwohner zählenden Reiches, in dem zahlreiche Völker, Sprachen und Religionen vereint waren. Dazu zählten neben Österreich das Königreich Böhmen mit Schlesien, Mähren, Galizien, Lodomerien und der Bukowina im Nordosten, das Königreich Ungarn mit Kroatien, Slavonien, Dalmatien, Siebenbürgen, der Wojwodina und dem Banat im Südosten sowie das Königreich Lombardo-Venezien. Die Amtssprachen waren Deutsch sowie die landesüblichen Sprachen Tschechisch, Slowakisch, Polnisch, Rumänisch, Ukrainisch, Ungarisch, Kroatisch, Slowenisch, Serbisch und Italienisch.

VON KÖNIGGRÄTZ ZUR DOPPELMONARCHIE

Franz Joseph begründete seine Popularität nicht auf politischen Erfolgen, im Gegenteil. Österreich wurde unter seiner Regierungszeit nicht größer und mächtiger, sondern verlor mit Ausnahme der Annexion Bosnien-Herzegowinas im Jahr 1908 nach und nach Territorien, Macht und Einfluss. Nach dem Verlust der Lombardei und schließlich auch Veneziens kam 1866 die dritte große Niederlage hinzu. Franz Josephs Versuch einer „großdeutschen" Politik unter habsburgischer Führung scheiterte zunehmend an Bismarck und dem preußischen Führungsanspruch.
Der Krieg gegen Preußen endete mit der Niederlage Österreichs bei Königgrätz und bedeutete das Ende seiner Vorrangstellung im Deutschen Bund. Österreich war geschwächt, was liberalen Kräften zum Durchbruch verhalf. In Verhandlungen erreichten sie in Ungarn 1867 den Ausgleich, der den Magyaren weitgehende Unabhängigkeit zusicherte und die k.u.k. Monarchie begründete.

DER KAISERLICHE TAGESABLAUF

Der Tag des Kaisers begann täglich um halb vier Uhr früh. Um diese Uhrzeit betrat sein Leibkammerdiener, dessen Dienstzimmer unmittelbar neben dem Schlafzimmer des Kaisers lag, mit den Worten „Leg' mich zu Füßen Eurer Majestät, guten Morgen" das Schlafzimmer. Franz Joseph stand sofort auf, erkundigte sich nach dem Wetter und begann seine morgendliche Toilette. Dann kleidete er sich an, gewöhnlich die schlichte Uniform eines Infanterieleutnants, und kniete sich zu einer kurzen Morgenandacht auf seinen Betstuhl, der neben seinem Bett stand.

Danach begab er sich direkt an seinen Schreibtisch und begann die zurechtgelegten Akten aufzuarbeiten. Um fünf Uhr früh brachte ihm der Kammerdiener schließlich sein Frühstückstablett mit Kaffee, Butter, Gebäck sowie – außer an Fasttagen – Schinken. Dann begann sein Arbeitstag. Punkt zwölf Uhr wurde das Mittagessen serviert. Es bestand aus einer Suppe, Rindfleisch mit Gemüse, Beefsteak oder Geflügel und dazu ein Glas „Spaten-Bier". Franz Joseph nahm sein Mittagessen immer auf seinem Schreibtisch ein, um keine wertvolle Zeit zu vergeuden und danach gleich wieder weiterarbeiten zu können. Sein Kammerdiener Ketterl war oft erbost, dass Franz Joseph ausgerechnet in dieser kurzen Zeit des Mittagessens von Mitgliedern der Kabinettskanzlei mit „dringenden" Berichten gestört wurde und verhalf dem Kaiser mit einer eher außergewöhnlichen Maßnahme zu einer kurzen Mittagspause: Er versperrte kurzerhand die Tür des Arbeitszimmers. Der Nachmittag gehörte wieder den Akten.

Das kaiserliche Mittagessen bestand aus Suppe, Rindfleisch mit Gemüse, Beefsteak oder Geflügel.

Um sechs Uhr fand dann das Allerhöchste Familiendiner statt, zu dem alle in der Burg bzw. in Schönbrunn weilenden Familienmitglieder geladen waren. Selbst Diners im Kreis der engsten Verwandten folgten einem strengen Zeremoniell, das dem der Hoftafeln sehr ähnlich war. Als die Töchter Gisela und Marie Valerie verheiratet und außer Haus waren, vor allem aber nach Elisabeths Tod, empfand der Kaiser die Familiendiners als eine unangenehme, steife Angelegenheit, bei der meist eine gespannte Stimmung herrschte. Franz Joseph liebte vor allem einfache Gerichte und legte keinen Wert auf exquisite kulinarische Genüsse. Im Sommer, vor allem in Ischl, aß er abends sogar am liebsten nur einen Teller saure Milch mit Schwarzbrot. Um neun Uhr abends ging der Kaiser gewöhnlich schlafen, nur im Fall offizieller Anlässe wie Hofbällen und Galadiners blieb er länger auf.

ZU GAST BEI HOF

War man zur Hoftafel geladen, erhielt man eine „Einladung zur Tafel bei Seiner Majestät dem Kaiser“, auf der Datum und Uhrzeit, zu der man zur Hofburg zufahren sollte, ebenso vermerkt waren wie der Ort, an welchem man sich mit den übrigen Gästen zu versammeln hatte, sowie die Bekleidungsvorschrift.

Wenn alle Gäste versammelt waren, wurde der Kaiser informiert und begab sich zu seinen Gästen. Nach einer kurzen Begrüßung ging man zu Tisch. Der Kaiser saß immer in der Mitte der Tafel, ihm gegenüber sein Ehrengast, wobei Damen und Herren abwechselnd platziert waren. Konversation war nur mit dem Tischnachbarn gestattet. Konversation und Gespräche in einer größeren Gruppe waren erst nach dem Diner möglich, dazu zogen sich die Herren meist in den Rauchsalon zurück, da es unhöflich war, in Gesellschaft von Damen zu rauchen.

Konversation und Gespräche in einer größeren Gruppe waren erst nach dem Diner möglich.

Das Gerücht, man habe bei Hof nichts zu essen bekommen, da der Kaiser so wenig und so hastig aß, dass bereits wieder abserviert wurde, kaum dass man serviert bekommen hatte, muss zeitgenössischen Quellen zufolge ins Reich der Legenden verwiesen werden.

DIE ALLERHÖCHSTE HOFTAFEL

Die Tafel war stets mit vergoldeten Tafelaufsätzen geschmückt, die mit Konfekt und Blumen – die allerdings geruchlos sein mussten – dekoriert waren. Die Tafel war jeweils für einen Gang gedeckt, zu jedem Gang wurde ein anderer Wein serviert, wofür jeweils ein eigenes Glas vorgesehen war. Neben dem Gedeck lagen die Menükarte sowie ein persönliches Salzschälchen.

Damit die Speisen immer frisch und vor allem warm serviert werden konnten, wurden sie von der Hofküche in beheizten Wärmekisten in die jeweilige Appartements transportiert und in angrenzenden Anrichteräumen mit Kohle-, später auch mit Gasrechauds, warm gehalten.

Der Gang galt als beendet, sobald der Kaiser sein Besteck niedergelegt hatte. Da daraufhin sofort abserviert wurde, achtete Franz Joseph als höflicher Gastgeber stets darauf, langsam zu essen und sein Besteck erst niederzulegen, wenn seine Gäste fertig gespeist hatten. Ein Diner bei Hof bestand aus neun bis 13 Gängen, dauerte aber nur an die 45 Minuten.

Rindsuppe

ZUTATEN FÜR 6 PORTIONEN

1 Zwiebel, mit Schale, halbiert
ca. 400 g Rindfleisch, z.B. Beinfleisch, Teile der Rindsschulter
400 g Rindfleischknochen mit Fleischbehaftung, gehackt
250 g Wurzelwerk (Karotten, Gelbe Rüben, Sellerie und Petersilienwurzel zu gleichen Teilen)
½ Lauchstange
Salz
10 Pfefferkörner, schwarz
etwas Sellerie- und Petersiliengrün
nach Wunsch Liebstöckel
nach Wunsch Brühe, gekörnt
Schnittlauchröllchen zum Bestreuen

ZUBEREITUNG

Zwiebelhälften mit Schale in einer mit Alufolie ausgelegten Pfanne an den Schnittflächen sehr dunkel bräunen. Fleisch und Knochen lauwarm waschen. Wurzelwerk schälen, Lauch halbieren und waschen. Knochen mit ca. 2½ l kaltem Wasser langsam zum Kochen bringen, leicht salzen. Fleisch einlegen.

Aufsteigenden Schaum ständig abschöpfen, Pfefferkörner und Zwiebelhälften beigeben, Suppe leicht wallend kochen.

Während der letzten 20 Minuten Wurzelwerk, Suppengrün und, falls gewünscht, Liebstöckel und gekörnte Brühe beifügen.

Gegartes Fleisch und Knochen aus der Suppe heben. Suppe abseihen, salzen und mit Schnittlauch bestreuen.

KOCHDAUER ca. 2 Stunden

Frittaten

ZUTATEN FÜR 4 PORTIONEN

80 g Mehl, glatt
ca. ⅛ l Milch
1 KL Petersilie, gehackt
Salz
1 Ei
1 Dotter
Öl zum Backen

ZUBEREITUNG

Mehl, ⅛ l Milch, Petersilie und Salz in einem Kessel mit einem Schneebesen zu einem glatten Teig verrühren. Ei und Dotter einrühren, Teig ca. 20 Minuten rasten lassen. Bei Bedarf mit Milch verdünnen.
Öl erhitzen, überschüssiges Öl zurückgießen. Etwas Teig in die Pfanne einfließen lassen, gleichmäßig verteilen, goldbraun anbacken. Palatschinke wenden, zweite Seite backen. Mit einer Palette aus der Pfanne heben. Mit dem restlichen Teig ebenso verfahren, erkaltete Palatschinken in feine Streifen schneiden.

Schöberl

ZUTATEN FÜR 4 PORTIONEN

40 g Butter
3 Dotter
1 KL Milch
40 g Mehl, glatt
3 Eiweiß
Salz
Butter und Mehl zum Ausstreichen und Bestauben der Form

ZUBEREITUNG

Handwarme Butter in einem Kessel schaumig rühren, Dotter nach und nach einrühren. Anschließend lauwarme Milch und Mehl dazugeben.
Eiweiß mit Salz zu cremigem Schnee schlagen, diesen unter den Butterabtrieb heben. Masse fingerhoch in eine mit Butter ausgestrichene und mit Mehl bestaubte, flache, rechteckige Form streichen.
Im vorgeheizten Backrohr bei ca. 220 °C Umluft 8–10 Minuten backen, auf Backtrennpapier stürzen.
Erkaltet in kleine Karos schneiden.

Lebernockerl/Leberknödel

ZUTATEN 8–10 NOCKERL/ KNÖDEL

200 g Rindsleber, faschiert
30 g Semmelbrösel
30 g Butter oder Rindskernfett, flüssig
1 Ei
2 Knoblauchzehen, gepresst
Majoran, getrocknet, verrieben
1 EL Petersilie, gehackt
Salz
Pfeffer

ZUBEREITUNG

Rindsleber gut mit allen anderen Zutaten und Gewürzen vermischen. Im Kühlschrank ca. 30 Minuten quellen lassen.
Mit einem nassen Löffel und einer mit Wasser benetzten Handfläche Nockerl formen oder in den nassen Handflächen zu Knödeln rollen.
Sofort in Salzwasser oder Suppe einlegen, ca. 8 Minuten zart wallend kochen.

Grießnockerl

ZUTATEN FÜR 4 PORTIONEN

55 g Butter
1 Ei
110 g Grieß
Salz
Prise Muskatnuss, gerieben
Salzwasser oder Suppe zum Kochen

ZUBEREITUNG

Handwarme Butter schaumig rühren. Zimmertemperiertes Ei gut verschlagen, nach und nach einrühren. Grieß und Gewürze einrühren, Masse ca. 15 Minuten kühl rasten lassen.
Mit nassen Löffeln aus der Masse Nockerl ausstechen (formen). In kochendem Salzwasser (Suppe) ca. 10–12 Minuten leicht wallend kochen. Etwas kaltes Wasser zugießen, 10 Minuten zugedeckt ziehen lassen.

Gulaschsuppe

ZUTATEN FÜR 4 PORTIONEN

250 g Rindfleisch
(Schulter oder Wadschinken)
200 g Erdäpfel, roh, geschält
3–4 EL Öl
200 g Zwiebeln, fein geschnitten
20 g Paprikapulver, edelsüß
Spritzer Essig
1 KL Tomatenmark
1¼ l Wasser oder Rindsuppe, mild
Salz
Kümmel, gemahlen
Majoran, getrocknet, verrieben
Knoblauch, gepresst

ZUBEREITUNG

Rindfleisch und Erdäpfel getrennt in ca. 1 cm große Würfel schneiden. Öl erhitzen, Zwiebeln goldbraun anrösten, Fleisch beigeben, durchrühren, Paprikapulver einrühren.
Mit Essig ablöschen, Tomatenmark dazugeben, mit Wasser (Suppe) aufgießen. Gewürze beifügen und ca. 75 Minuten kochen.
Erdäpfel hinzufügen, Suppe weiterkochen, bis die Erdäpfel kernig weich sind.

KOCHDAUER ca. 90 Minuten

TIPP Für eine molligere Konsistenz 20 g glattes Mehl mit etwas kaltem Wasser anrühren, zügig in die kochende Suppe einrühren und 3 Minuten verkochen lassen.

Wiener Erdäpfelsuppe

ZUTATEN FÜR 4 PORTIONEN

200 g Erdäpfel, roh, geschält
50 g Frühstücksspeck
80 g Karotten und Knollensellerie, geschält
10 g Steinpilze, getrocknet
½ Zwiebel, geschält
3 EL Pflanzenöl, neutral
1 EL Mehl, glatt
1¼ l Wasser oder Rindsuppe, mild
1 Lorbeerblatt
Majoran, getrocknet, verrieben
1 Knoblauchzehe, gepresst
Salz
2–3 EL Sauerrahm
Spritzer Hesperiden-, Apfel- oder Weinessig
Pfeffer

ZUBEREITUNG

Erdäpfel in ca. 1 cm große Würfel, Speck, Karotten und Sellerie getrennt in 4 mm große Würfel schneiden. Pilze in wenig kaltem Wasser einweichen, Zwiebel fein schneiden.
Öl in einem Topf erhitzen. Speck rösten, Zwiebeln, Karotten und Sellerie beigeben. Glasig rösten, Mehl einrühren, kurz rösten. Mit Wasser (Suppe) aufgießen, glatt verrühren.
Pilze, Lorbeerblatt, Majoran, Knoblauch und wenig Salz beigeben, 10 Minuten kochen.
Erdäpfel hinzufügen, kernig weich kochen. Sauerrahm verquirlen, unter die Suppe rühren. Mit Essig, Salz und Pfeffer würzen, nicht mehr aufkochen.

TIPP Für eine vegetarische Variante ersetzen Sie den Speck durch einen höheren Gemüse-Anteil und gießen mit Wasser oder Gemüsebrühe auf.

Bärlauchsuppe mit gebackenem Ei

ZUTATEN FÜR 4 PORTIONEN

für die Suppe
ca. 60 g Bärlauch
30 g Butter
60 g Zwiebeln, fein geschnitten
30 g Mehl, glatt
0,6 l Gemüse- oder Rindsuppe, mild
¼ l Schlagobers
3 EL Sauerrahm
Salz
3 EL Obers, cremig geschlagen

für die gebackenen Eier
5 zimmertemperierte Eier
Salz
2 EL Mehl
3 EL Semmelbrösel oder
Mie de pain (Weißbrot, entrindet, getrocknet, fein gerieben)
Öl zum Ausbacken

zum Anrichten
Bärlauch zum Frittieren

ZUBEREITUNG

Für die Suppe grobe Stiele vom Bärlauch entfernen, Bärlauch waschen und fein schneiden. Butter in einem Topf schmelzen, Zwiebeln glasig rösten. Bärlauch hinzufügen, Mehl einrühren, mit heißer Suppe und flüssigem Obers aufgießen, glatt verrühren.
Ca. 6 Minuten kochen, Sauerrahm einrühren.
4 Eier anstechen. Reichlich Wasser in einem passenden Topf aufkochen. Eier vorsichtig mit einem Suppenlöffel einlegen. 6 Minuten kochen. In eiskaltem Wasser kurz abfrischen, schälen.
Restliches Ei mit einer Gabel verschlagen. Geschälte, noch warme Eier rundum salzen, in Mehl wenden (rollen), durch das Ei ziehen, in Bröseln wenden, abschütteln.
Öl in einem kleinen Topf auf ca. 180 °C erhitzen, panierte Eier einlegen, sodass sie mit Öl bedeckt sind. Unter Schütteln des Topfes goldbraun backen.
Aus dem Öl heben, auf Küchenkrepp abtropfen lassen. Im verbleibenden Öl gut abgetrockneten Bärlauch knusprig frittieren.
Suppe salzen, mixen, mit cremig geschlagenem Obers aufschäumen. Gebackene Eier an beiden Enden etwas abkappen und mittig in die Suppentasse (oder Teller) stellen. Suppe vorsichtig vom Rand aus eingießen. Mit frittiertem Bärlauch garnieren.

Hauptspeisen

WIENER SCHNITZEL, TAFELSPITZ,
ROSTBRATEN UND VIELES MEHR:
DIE BELIEBTESTEN KLASSIKER
DER WIENER KÜCHE.

Krautfleckerl

ZUTATEN FÜR 4 PORTIONEN

200 g Fleckerl
Salz
8 EL Öl oder Schmalz
60 g Zucker
150 g Zwiebeln, fein geschnitten
600 g Weißkraut, ohne Strunk und Außenblätter, geputzt
etwas Suppe oder Wasser
Pfeffer

DAZU PASST

Ein herbes Pils. Oder ein kräftiger Grüner Veltliner, z.B. vom Wagram, oder Riesling, z.B. Kremstal DAC, Traisental DAC oder Wiener Gemischter Satz DAC aus einer guten Lage.

ZUBEREITUNG

Fleckerl in reichlich Salzwasser kernig kochen, abseihen, mit kaltem Wasser abschwemmen und abtropfen lassen.
Öl (Schmalz) erhitzen, Zucker unter Rühren dunkel karamellisieren. Zwiebeln hinzufügen, rösten.
Kraut in ca. 1 cm große Quadrate schneiden, mitrösten, mit Suppe (Wasser) untergießen, kräftig mit Salz und Pfeffer würzen. Kernig dünsten, dabei trocken halten.
Fleckerl nochmals erhitzen, salzen, pfeffern, mit dem Kraut vermischen.

GARDAUER ca. 40 Minuten

Karfiol mit Butter und Bröseln

ZUTATEN FÜR 2–3 PORTIONEN

1 Karfiol, mittlere Größe
Salz
120 g Butter
80 g Semmelbrösel
1 EL Petersilie, gehackt
2 Eier, hart gekocht, fein gehackt

ZUBEREITUNG

Karfiol von Blättern befreien, kürzen. Karfiol in Röschen teilen. Mit kaltem Salzwasser bedecken, zum Kochen bringen, schwach wallend kernig kochen.
Butter schmelzen, Brösel darin hellbraun rösten, mit Petersilie und gehackten Eiern vermischen und salzen.
Karfiol mit einem Lochschöpfer aus dem Sud heben, abtropfen lassen. Karfiol anrichten, Butterbrösel darüber verteilen.

DAZU PASST

Leichter Weißwein, z.B. niederösterreichischer Müller-Thurgau oder Frühroter Veltliner, Grüner Veltliner vom Löss, steirischer Weißburgunder.

Erdäpfelgulasch

ZUTATEN FÜR 4 PORTIONEN

200 g Zwiebeln, geschält
300 g Wurst (Dürre oder Extra)
800 g Erdäpfel, mehlig, roh, geschält
4 EL Schmalz oder Öl
20 g Paprikapulver, edelsüß
Spritzer Essig
ca. ¾ l Wasser oder Suppe
2 Knoblauchzehen, gepresst
Salz
Pfeffer
Majoran, getrocknet, verrieben
Kümmel, ganz

ZUBEREITUNG

Zwiebeln fein schneiden, enthäutete Wurst würfelig oder in ca. 8 mm dicke Scheiben schneiden (Dürre vorher der Länge nach halbieren), Erdäpfel vierteln.
Schmalz (Öl) erhitzen, Zwiebeln goldbraun rösten. Paprikapulver hinzufügen, durchrühren, sofort mit Essig ablöschen.
Mit Wasser (Suppe) aufgießen, Erdäpfel, Knoblauch und Gewürze beigeben und unter oftmaligem Rühren ca. 20 Minuten kochen, bis der Saft durch die Kartoffelstärke cremig wird und die Kartoffeln weich sind; bei Bedarf zusätzliche Flüssigkeit zugießen.
Wurst je nach Sorte einige Minuten mitkochen.

Schinkenfleckerl

ZUTATEN FÜR 4 PORTIONEN

220 g Fleckerl
Salz
250 g Schinken oder Selchfleisch, gekocht
4 Dotter
1 Ei
¼ l Sauerrahm
¼ l Schlagobers
Pfeffer
60 g Weißbrot, getrocknet, entrindet, gerieben
4 Eiweiß
Butter zum Ausstreichen
Semmelbrösel zum Ausstreuen

DAZU PASST

Pfeffriger Grüner Veltliner, z.B. Weinviertel DAC, reife Riesling-Reserve, z.B. Kamptal DAC, oder Wiener Gemischter Satz DAC aus guter Lage.

ZUBEREITUNG

Fleckerl in reichlich Salzwasser kochen, abseihen und kalt abspülen. Schinken (Selchfleisch) kleinwürfelig schneiden.
Dotter, Ei, Sauerrahm und Obers verrühren, mit Salz und Pfeffer würzen, mit Schinken und Fleckerln abrühren. Weißbrotbrösel darunterrühren.
Eiweiß zu cremig-steifem Schnee schlagen, unter die Schinkenfleckerl rühren, nochmals würzen.
Eine Auflaufform mit Butter ausstreichen, mit Bröseln ausstreuen, Masse einfüllen und im vorgeheizten Backrohr goldbraun backen.

BACKTEMPERATUR 200 °C Umluft

BACKDAUER ca. 35 Minuten

BEILAGENEMPFEHLUNG Häuptel- oder Bummerlsalat

Grammelknödel

ZUTATEN FÜR 4 PORTIONEN

250 g Grammeln
20 g Schweineschmalz
Salz
40 g Butter
100 g Mehl, glatt
50 g Kartoffelstärke
500 g Erdäpfel, mehlig, geschält, gekocht, passiert
4 Dotter
50 g Grieß
Mehl zum Arbeiten
Schweineschmalz zum Bestreichen

DAZU PASST

Grüner Veltliner Weinviertel DAC, Wiener Gemischter Satz DAC, burgenländischer Welschriesling oder Weißburgunder, z.B. Leithaberg DAC. Oder Schilcher aus der Weststeiermark.

ZUBEREITUNG

Grammeln fein hacken, mit Schmalz und Salz vermischen. Einige Stunden kühlen, bis die Masse formbar wird. Kleine Kugeln (Größe entsprechend der geplanten Knödelanzahl) formen, nochmals kühlen.
Butter lauwarm schmelzen, Mehl mit Stärke vermischen. Passierte Erdäpfel, Dotter, Mehl-Stärke-Mischung, Grieß, geschmolzene Butter und Salz zu einem Teig verkneten.
Teig auf einer bemehlten Arbeitsfläche ca. 5 mm stark ausrollen und in Quadrate schneiden (Größe richtet sich nach der geplanten Anzahl der Knödel).
Grammelkugeln mit Teig umhüllen, überschüssigen Teig ablösen, mit bemehlten Handflächen glatt und rund rollen.
Reichlich Salzwasser aufkochen, bei mäßiger Hitze ca. 20 Minuten, je nach Größe der Knödel, ziehen lassen (das Wasser darf nicht kochen).
Aus dem Wasser heben, abtropfen lassen, anrichten, mit etwas heißem Schweineschmalz bestreichen.

PLACHUTTA

Blunzengröstel

ZUTATEN FÜR 4 PORTIONEN

600 g Erdäpfel, speckig
400 g Blunzen
100 g Zwiebeln, geschält
80 g Schweineschmalz
Salz
Pfeffer
Majoran, getrocknet, verrieben

DAZU PASST

Kräftiger Grüner Veltliner, z.B. Weinviertel DAC Reserve, Zierfandler aus der Thermenregion, klassischer Chardonnay oder steirischer Sauvignon Blanc. Alternativ leichter, kühl servierter Rotwein.

ZUBEREITUNG

Erdäpfel waschen, in reichlich Wasser kochen, noch heiß schälen, erkaltet in ca. 5 mm dicke Scheiben schneiden. Blunzen enthäuten und in ca. ca. 7 mm dicke Scheiben schneiden, Zwiebeln feinwürfelig schneiden.
Zwiebeln in wenig Schmalz hell anschwitzen. Erdäpfel beigeben, rösten, mit Salz, Pfeffer und Majoran würzen. Erdäpfel aus der Pfanne heben, warm stellen.
Restliches Schmalz erhitzen, Blutwurst sehr knusprig braten, Erdäpfel wieder beigeben und vermischen.

BEILAGENEMPFEHLUNG Krautsalat, Bummerlsalat

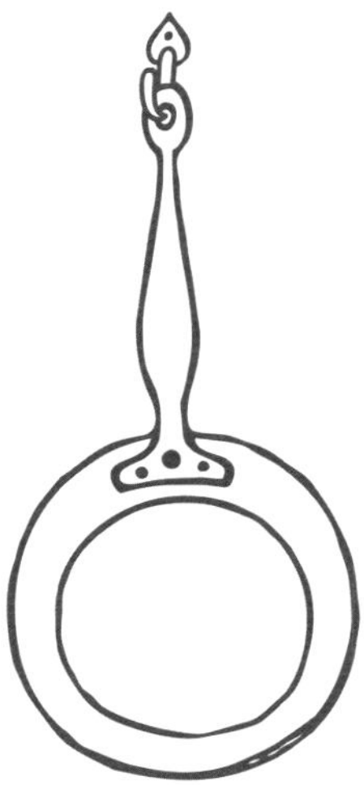

Zander mit Szegediner Kraut

ZUTATEN FÜR 4 PORTIONEN

600 g Sauerkraut
1 Paprikaschote, rot,
ohne Stiel und Samen
4 EL Öl
100 g Zwiebeln, fein geschnitten
1 EL Paprikapulver, edelsüß
0,4 l Suppe, mild
1 Lorbeerblatt
1 KL Kümmel, ganz
4 Wacholderbeeren
⅛ l Sauerrahm
10 g Mehl, glatt
700 g Zanderfilet, mit Haut,
küchenfertig
Salz
Mehl zum Wenden
Öl oder Butterschmalz zum Braten
30 g Butter
1 KL Knoblauch, gepresst

DAZU PASST

Burgenländischer Welschriesling oder Weißburgunder, z.B. Leithaberg DAC, steirischer Sauvignon Blanc. Konträre Geheimtipps: Klöcher Traminer oder gekühlter Blaufränkisch.

ZUBEREITUNG

Falls das Sauerkraut zu sauer ist, kurz in kaltem Wasser abspülen und abtropfen lassen. Einige Male durchschneiden. Paprikaschote in Streifen schneiden.
Öl in einer Kasserolle erhitzen, Zwiebeln darin hell rösten, Paprika einrühren, sofort mit Suppe aufgießen. Sauerkraut und Gewürze beigeben, verrühren.
Zugedeckt ca. 40 Minuten dünsten, Paprikastreifen beigeben, 5 Minuten weiterdünsten. Sauerrahm mit 10 g Mehl verrühren, zügig unter das Kraut mischen, 2–3 Minuten dünsten.
Zanderfilet je nach Größe in 4 oder 8 Stücke teilen, salzen, Hautseite in Mehl andrücken, leicht anpressen, abschütteln.
Öl (Butterschmalz) in einer Pfanne erhitzen (am besten eine beschichtete Pfanne verwenden). Zanderfilet mit der Hautseite nach unten einlegen und je nach Dicke der Filets ca. 5 Minuten kross braten.
Wenden und bei mäßiger Hitze farblos ziehen lassen. Die Filets sollen innen noch glasig sein. Szegediner Kraut auf vorgewärmten Tellern in der Mitte anrichten, Filets daraufsetzen.
Aus der Fischpfanne das überschüssige Öl abgießen, Butter darin aufschäumen, Knoblauch einrühren, Knoblauch-Butter über die Fischfilets gießen.

TIPP Besonders fruchtig gerät das Kraut, wenn man zum Schluss Sechstel von 2 geschälten, entkernten Tomaten beifügt.

Wiener Schnitzel mit Erdäpfel-Salat

ZUTATEN FÜR 4 PORTIONEN

600–700 g Kalbsschale oder Frikandeau, geputzt
Salz
2 Eier
Mehl, glatt oder Universal, zum Wenden
Semmelbrösel zum Panieren
Öl oder Butterschmalz zum Backen
<u>für den Salat</u>
70 g Zwiebeln, weiß, geschält
0,3 l Rindsuppe
1/16 l Tafelessig
10 g Salz
1 kg Erdäpfel, festkochend, gekocht, geschält
1/16 l Öl
1 Handvoll Vogerlsalat
Pfeffer

DAZU PASST

Grüner Veltliner und Riesling in allen Facetten, Wiener Gemischter Satz DAC, Rotgipfler oder Neuburger aus der Thermenregion. Alternativ leichter, kühl servierter Rotwein.

ZUBEREITUNG

Für den Salat Zwiebeln fein schneiden. Suppe erwärmen und gut mit Essig, Salz und Zwiebeln vermischen. Lauwarme Erdäpfel messerrückendick direkt in die Marinade schneiden. 30 Minuten rasten lassen, dabei von Zeit zu Zeit mit einer Spachtel rühren, damit die Scheiben nicht zusammenkleben. Öl unterrühren, mit einer Spachtel rühren, bis der Salat leicht cremig ist, mit Pfeffer abschmecken. Kurz vor dem Servieren Vogerlsalat untermischen.

Fleisch per Faltschnitt (Schale auch in einem Stück) in 4 Schnitzel portionieren. Mit Klarsichtfolie bedecken und zart mit einem Fleischklopfer (flache Seite) oder Plattiereisen aus Metall ca. 4–6 mm dick plattieren. Beidseitig gleichmäßig salzen. Eier mit einer Gabel verschlagen (nicht mixen). Schnitzel beidseitig in Mehl wenden, durch die Eier ziehen, abtropfen lassen und in Semmelbröseln wenden. Brösel zart andrücken, Schnitzel leicht abschütteln.

Reichlich Fett (2–3 cm tief) in einer Pfanne auf ca. 180 °C erhitzen, Schnitzel einlegen. Unter wiederholtem Schwingen der Pfanne bräunen, vorsichtig mit einer Fleischzange wenden. Fertig backen und mit einer Backschaufel aus der Pfanne heben. Abtropfen lassen, überschüssiges Fett mit Küchenkrepp abtupfen.

GARDAUER je nach Stärke ca. 3–5 Minuten

GASTHAUS
OPER

Fiakergulasch

ZUTATEN FÜR 4 PORTIONEN

700 g Zwiebeln
2 Knoblauchzehen
1 kg Wadschinken
5 EL Öl oder Schweineschmalz
2 EL Paprikapulver, edelsüß
1 EL Hesperiden- oder Weißweinessig
1 EL Tomatenmark
1 KL Kümmel, gemahlen
etwas Bio-Zitronenschale, abgerieben
4 Eier
4 Essiggurken
4 Frankfurter Würstchen

DAZU PASST

Ein gut gezapftes, helles Bier, aber auch klassisch-pfeffriger Grüner Veltliner oder Chardonnay und Weißburgunder mit Struktur. Alternativ kraftvoller Rotwein.

ZUBEREITUNG

Zwiebeln schälen, fein schneiden. Knoblauch schälen und hacken. Fleisch mit dem Faserlauf in ca. 4 cm breite Streifen, anschließend in daumenbreite Scheiben schneiden.

Fett erhitzen, Zwiebeln unter ständigem Rühren braun rösten. Topf kurz zur Seite stellen, Paprikapulver einrühren, sofort mit Essig ablöschen, ca. 1 l Wasser zugießen und ca. 20 Minuten dünsten.

Fleisch und Tomatenmark in den etwas abgekühlten Gulaschansatz geben. Kümmel, Knoblauch, Zitronenschale und Majoran einrühren, salzen. Gemeinsam aufkochen.

Zugedeckt auf dem Herd oder im Backofen bei 180 °C ca. 2–2¼ Stunden dünsten. Bei Bedarf Flüssigkeit ergänzen, öfters umrühren.

Mehl mit etwas kaltem Wasser glatt rühren. Mehl-Wasser-Gemisch zügig mit einem Kochlöffel in das kochende Gulasch einrühren und weitere 5 Minuten dünsten. Gulasch auf dem Teller mit jeweils 1 Frankfurter, 1 Essiggurke und 1 Spiegelei anrichten.

TIPP Klassischerweise verwendet man für Gulasch den so genannten hinteren Wadschinken (durchwachsenes Wadenfleisch), alternativ eignen sich „Gschnatter Anschnitt“ (saftiges Kniekehlenfleisch mit weniger Flachsen) oder Wadschinken. Wer mageres, flachsenfreies Fleisch bevorzugt, verwende Fleischteile von der Schulter oder vom Kopf des Rindsfilets (Lungenbratengulasch).

Stephaniebraten

ZUTATEN FÜR 4 PORTIONEN

1½ Semmeln
50 g Zwiebeln, fein geschnitten
3 EL Öl
2 Knoblauchzehen, gepresst
600 g Faschiertes, gemischt
1 Ei
Salz
Pfeffer
reichlich Majoran, getrocknet, verrieben
1 EL Petersilie, gehackt
1 Schweinsnetz
Öl für die Bratenpfanne

für die Fülle
4–5 Eier, hart gekocht
ca. 6 Essiggurken
2 EL Öl

für den Saft
½ KL Mehl, glatt
0,4 l Rindsuppe, Fond, braun, oder Wasser

DAZU PASST

Grüner Veltliner, z.B. Weinviertel DAC, Wiener Gemischter Satz DAC, steirischer Morillon (Chardonnay). Alternativ leichter, kühl servierter Rotwein.

ZUBEREITUNG

Semmeln in Wasser einweichen, ausdrücken, mixen oder passieren. Zwiebeln in heißem Öl hell anrösten, Knoblauch beigeben, erkalten lassen. Mit Semmelmasse, Faschiertem, Ei, Salz, Pfeffer, Majoran und Petersilie gut vermischen.
Schweinsnetz in kaltem Wasser einweichen. Faschiertes weckenförmig formen, der Länge nach mit der Handkante eine breite Vertiefung einkerben.
Eier für die Fülle schälen, an den Enden abkappen. Eier und Gurken der Länge nach in die Vertiefung einschichten. Öffnung mit Faschiertem verschließen, mit befeuchteten Handflächen verstreichen.
Schweinsnetz aus dem Wasser heben, abspülen, ausdrücken, mit Küchenkrepp abtrocknen. Auf der Arbeitsfläche ausbreiten, Faschiertes drauflegen, mit Netz umhüllen.
Braten in eine mit Öl ausgestrichene Bratenpfanne legen. Im auf 200 °C vorgeheizten Backrohr braten, dabei immer wieder mit austretendem Fett begießen.
Fertigen Braten aus der Bratenpfanne heben.
Zur Saftgewinnung überschüssiges Fett abgießen. Bratenrückstand mit Mehl stauben, kurz rösten, mit Suppe (Fond oder Wasser) aufgießen, reduzierend kochen.

BRATDAUER ca. 40 Minuten, einige Minuten rasten lassen

TIPP Falls Sie kein Schweinsnetz zur Verfügung haben, können Sie den Braten auch ohne Netz zubereiten: Oberfläche mit befeuchteten Handflächen mehrmals gut glatt streichen, damit der Braten an der Oberseite nicht rissig wird.

Gefüllte Paprika

ZUTATEN FÜR 4 PORTIONEN

8 Paprikaschoten, hellgrün, dünnwandig
1 Semmel oder 2 Scheiben Weißbrot
40 g Butter
100 g Zwiebeln, fein geschnitten
30 g Mehl
½ l Rindsuppe, mild, oder Wasser
1 EL Tomatenmark
1 kg Paradeiser, klein geschnitten
15 Pfefferkörner
Salz
etwas Zucker
500 g Faschiertes, Rind und Schwein gemischt
150 g Reis, gekocht oder gedünstet
3 Knoblauchzehen, gepresst
Pfeffer
Majoran, getrocknet, verrieben

DAZU PASST

Burgenländischer Welschriesling oder Weißburgunder (z.B. Leithaberg DAC). Oder kräftiger Blaufränkisch (z.B. Rosalia, Mittelburgenland oder Eisenberg DAC).

ZUBEREITUNG

Stiel aus den Paprika herausschneiden, reinigen, bis zur weiteren Verwendung zur Seite legen. Samenkörner entfernen, Schoten innen und außen waschen. Semmel (Weißbrot) in kaltem Wasser einweichen, leicht abpressen, faschieren oder mixen.

Butter in einer Kasserolle schmelzen, Zwiebeln glasig anrösten, Mehl einrühren. Mit Suppe (Wasser) aufgießen, Tomatenmark hinzufügen, mit einem Schneebesen glattrühren. Paradeiser und Pfefferkörner hinzufügen, 20 Minuten kochen. Passieren, mit Salz und Zucker würzen.

Faschiertes, Reis, Semmel (Weißbrot), Knoblauch, Salz, Pfeffer und Majoran vermischen. Masse mit der Hand in die Paprika füllen, Stiel als Verschluss auf die Öffnung drücken.

Paprika in eine passende Form oder feuerfeste Kasserolle setzen, mit Sauce übergießen, schwach wallend zugedeckt dünsten (am besten im auf 160 °C vorgeheizten Backrohr). Mit der Sauce anrichten.

GARDAUER 40–50 Minuten

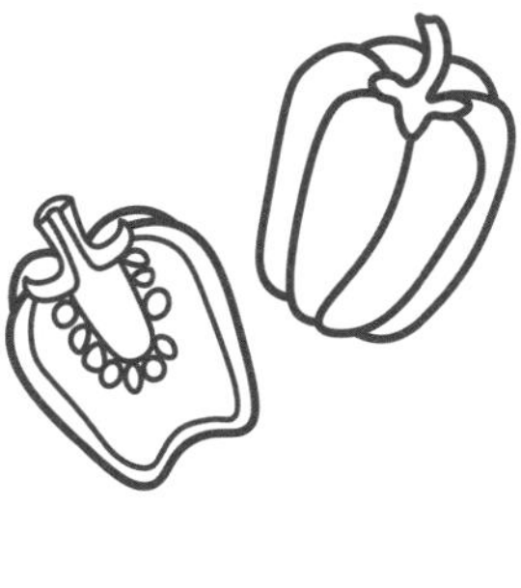

PLACHUTTA
TSCHAFT
PLACHU

Die Wiener Rindfleischküche

Der gekochte Tafelspitz gilt neben dem Wiener Schnitzel als die Wiener Spezialität schlechthin. Seine Zubereitung unterliegt strengen Regeln. So gilt es als unumstößlich, dass er in kochendes Wasser eingelegt werden muss. Vergleichstests haben allerdings ergeben, dass es geschmacklich keinen Unterschied macht, wenn er mit kaltem Wasser zugestellt und gekocht wird.

Wer gekonnt überprüfen will, wie es beim gesottenen Rindfleisch im Allgemeinen und beim Tafelspitz im Speziellen um den Garzustand bestellt ist, teste dies mit der Fleischgabel oder einem dünnen Spieß: Sie sollten im fertig gegarten Fleisch auf wenig Widerstand stoßen. Um den genauen Zeitpunkt dafür zu erspüren, bedarf es etwas Erfahrung, Routine und Fingerspitzen- bzw. besser gesagt: Gabelspitzengefühl.

Der gekochte Tafelspitz gilt neben dem Wiener Schnitzel als die Wiener Spezialität schlechthin.

PLACHUTTA — »WO DER TAFELSPITZ ZUHAUSE IST«

Unweit von Schloss Schönbrunn, dort, wo ein herrschaftliches Haus die Hietzinger Hauptstraße und die Auhofstraße teilt, befindet sich die Geburtsstätte der Wiener Rindfleisch-Renaissance. Als Ewald und Eva Plachutta im Jahre 1987 das hier befindliche „Hietzinger Bräu“ erwarben, gaben sie dem gesottenen Rindfleisch, allem voran dem legendären Tafelspitz, eine würdige Heimstätte.

Bei Plachutta werden die besten, täglich frisch gekochten Gustostückerl vom Rind, inklusive der kräftigen, mit „Goldaugen“ bedeckten Rindsuppe, wie beim Essen zu Hause in der Mitte der Restauranttische platziert. Zuerst genießt man die gehalt-

volle Suppe mit täglich wechselnden Wiener Suppeneinlagen, geschnittenem Wurzelgemüse und Lauchstreifen. Dazu gibt es pochierte Markscheiben mit frisch gebähtem Roggenbrot und Salz und Pfeffer aus der Mühle. Anschließend delektiert man sich an dem in der Suppe heiß und saftig gehaltenen Tafelspitz und diversen „Scherzeln" und „Schwanzeln".
Garant für gleichbleibende Qualität ist ausgewähltes Fleisch von in Österreich geborenen und möglichst naturnah gehaltenen Tieren (Ochse, Kalbin, Jungrind), das mit viel Erfahrung sanft simmernd zubereitet wird. Als traditionelle Beigaben werden zart gebundenes Gemüse wie Cremespinat, Dillfisolen, Kochsalat mit Erbsen, Kohl und Kürbis sowie knusprige Rösterdäpfel, Semmelkren, Schnittlauchsauce und Apfelkren gereicht.

Als Erstes wird die gehaltvolle Suppe mit traditionellen Einlagen gereicht.

Nach beruflichen Wanderjahren durch mehrere Kontinente kehrte Mario Plachutta 1993 nach Wien zurück und entschloss sich mit dem bereits vom Elternhaus erfolgreich erprobten Rindfleischkonzept zur Selbstständigkeit. Mit der Eröffnung des „Plachutta Wollzeile" in bester Lage in der Wiener Innenstadt und im darauf folgenden Jahr mit „Plachutta Nussdorf" in malerischer Nähe der Weinberge und der Donau legte Mario Plachutta den Grundstein dafür, dass sich „Plachutta" zu einer Marke mit weltweiter Bekanntheit und ebensolcher Reputation entwickelte.

PLACHUTTAS TAFELSPITZ & CO

Die drei Plachutta-Restaurants in der Wollzeile in der Wiener Innenstadt, im nahe bei Schönbrunn gelegenen Hietzing und im Heurigen-Vorort Nussdorf bieten als Schwerpunkt gesottenes Rindfleisch. Täglich werden hier die elf besten Teilstücke des Rindes mit ihrer unterschiedlichen Form, Farbe und Fleischstruktur – kernig oder feinfaserig, mit zarter Fetteindeckung oder mit papierdünnen Häutchen umschlossen – frisch gekocht.
Diese Mischung aus hochwertigen Keulen- und Schulterstücken sowie Teilen aus dem Rippenbereich des Rindes mit ihrer unterschiedlichen Textur und ihrem jeweils eigenen Geschmack bildet die Basis des „Plachutta-Siedefleischkonzeptes". Dafür werden junge Rinder gewählt, deren Fleisch kürzere Garzeiten benötigt und sehr mürbe und zart ist. Besonders wichtig ist die zarte Marmorierung des Fleisches – ein Zeichen guter Fütterung und ausreichender Bewegung des Tiers.

Tafelspitz & Co

Der Tafelspitz ist die Krönung des Wiener Siedefleisches, das begehrteste und im Einkauf teuerste Teilstück vom Rind. Er befindet sich – wie auch das Tafelstück und das Weiße Scherzel (zusammen: Frikandeau) – an der Außenseite der Keule (Knöpfel). Charakteristisch ist seine satte Fetteindeckung, das Qualitätsmerkmal schlechthin. Wie das an der Unterseite befindliche Häutchen darf sie nicht vor dem Kochprozess entfernt werden. Das Fleisch ist kurzfaserig, saftig und von vollendetem Rindfleischgeschmack. Geschnitten wird der Tafelspitz, wie auch alle anderen Teilstücke, quer zum Faserverlauf. Um diesen zu erkennen, dreht man den Tafelspitz so, dass die Fetteindeckung nach unten zeigt.

TAFELSTÜCK Das Tafelstück ist die Verlängerung des Tafelspitz. Im Unterschied zu diesem weist es eine grobfaserigere und magere Struktur ohne Marmorierung auf und wird deshalb vor allem von Linienbewussten bevorzugt.

SCHULTERSCHERZEL Das Schulterscherzel kommt in der Beliebtheitsskala gleich nach dem Tafelspitz. Sein Fleisch zeichnet sich durch besondere Kurzfaserigkeit aus, es ist sehr saftig und überzeugt mit ausgeprägtem Geschmack. Charakteristisch für das Schulterscherzel ist die in der Mitte gallertartige, sich nach vorne verjüngende Struktur. In Deutschland wird es als Schaufelstück oder Mittelbugstück gehandelt.

WEISSES SCHERZEL Vielfach wird dieser Teil in unmittelbarer Nähe zum Tafelstück aufgrund seiner langen, gleichförmig runden Form als falsches Filet bezeichnet. Es hat immer ein rundes Ende. Auffallend ist seine weißliche, helle Farbe. Nach dem Kochen weist es eine bröslige, äußerst magerere Struktur auf. In Deutschland wird es als Schwanzrolle oder Rolle gehandelt, in der Schweiz als runder Mocken bezeichnet.

HÜFERSCHWANZEL Im Aussehen ähnelt das Hüferschwanzel dem Tafelspitz, ist jedoch wesentlich kleiner als dieser. Das sehr saftige, mit kräftiger Fetteindeckung ausgestattete Teilstück gilt als ideale Alternative zum Tafelspitz. In Deutschland kennt man es unter der Bezeichnung „Bürgermeisterstück".

HÜFERSCHERZEL Unmittelbar an die Beiried anschließend, ist dieses etwas größere Teilstück der Keule fallweise intramuskulär mit zartem Fett ausgestattet und besonders hochwertig. In Deutschland wird es als Hüfte bezeichnet. In den USA schneidet man daraus „Sirloinsteaks".

KAVALIERSPITZ Der Kavalierspitz (Schaufeldeckel) ist ein sehr flacher, durchwachsener Teil, der auf der Unterseite des Schulterblattes liegt. Er besticht durch seinen ausgeprägten Rindfleischgeschmack.

KRUSPELSPITZ Wie der Name schon sagt, ist dieses Teilstück mit einem weichen Kruspel des Schulterblattes behaftet. Seine teilweise grobfasrige Struktur ist wie geschaffen für Rindfleischgenießer, die einen kernigen Biss bevorzugen, die weichgekochten Kruspeln sind bissfest, aber essbar.

MAGERES MEISEL Das Gustostück aus der Schulter ist durch seine Zapfenform leicht erkennbar. Das Fleisch ist kernig, sehr mager, muskulös, von kerniger Textur und wird von Kennern sehr geschätzt.

BEINFLEISCH Dieses sehr beliebte Rippenfleisch, das auch der Rindsuppe zu kräftigem Geschmack verhilft, gewinnt beim Kochen kräftig an Volumen, ist unterspickt und besonders saftig. Beinfleisch ist einer der großen Klassiker der Siedefleischküche.

PÖKELZUNGE Besonders zart präsentiert sich die gepökelte Rindszunge, die stets extra gekocht werden muss, da sie mitgekochtes Rindfleisch rot färbt. Gekochte Zunge ist auch kalt serviert ein gefragtes Gericht.

GUSTOSTÜCKERL Einer der Highlights bei Plachutta sind die kombinierten „Gustostückerl“, die sich der Gast nach Lust und Laune aus dem Repertoire aus drei Teilstücken zusammenstellen kann.

LUEGER TOPF Diese Spezialität bietet eine Kombination aus gesottenem Rindfleisch, Kalbskopf und Pökelzunge.

FLEDERMAUS Die sogenannte Fledermaus ist ein kleiner, durchzogener, sehr saftiger wangenartiger Teil des Rindes, der vom Kreuzbein abgelöst wird. Nach dem Kochen zeigt sich im Querschnitt die Struktur einer Fledermaus. Bei Plachutta wird die gekochte Fledermaus in der kalten Jahreszeit mit einer würzigen Krensauce überzogen und mit forcierter Oberhitze überbacken.

Tafelspitz

ZUTATEN FÜR 6 PORTIONEN

1 Zwiebel, mit Schale, halbiert
ca. 2 kg Tafelspitz
10–15 Pfefferkörner, schwarz
250 g Wurzelwerk, geschält
(Karotte, Gelbe Rübe, Sellerie und Petersilwurzel zu gleichen Teilen)
½ Lauchstange, halbiert, gewaschen
Brühe, gekörnt, bei Bedarf
Salz
Schnittlauchröllchen zum Bestreuen
Suppeneinlage nach Wunsch

DAZU PASST

Kräftiger Weißwein mit etwas Flaschenreife, z.B. Grüner Veltliner Kremstal DAC, oder reifer Riesling, z.B. Smaragd aus der Wachau. Alternativ fruchtiger Rotwein.

ZUBEREITUNG

Zwiebel samt Schale in einer mit Alufolie ausgelegten Pfanne ohne Fett an den Schnittflächen sehr dunkel bräunen. Fleisch kurz lauwarm waschen, abtropfen lassen. 3,5 l Wasser aufkochen, Fleisch einlegen, schwach wallend kochen. Aufsteigenden Schaum ständig abschöpfen, Pfefferkörner und Zwiebel beigeben, schwach salzen.
Ca. 25 Minuten vor dem voraussichtlichen Garende Wurzelwerk, Lauch und, falls gewünscht, gekörnte Brühe beifügen. Gekochtes Fleisch aus der Suppe heben, in fingerdicke Scheiben schneiden.
Anrichten und mit Salz und Schnittlauch bestreuen.
Suppe abseihen, mit Salz abschmecken. Wurzelwerk in Scheiben, Lauch in Stücke schneiden und gemeinsam mit dem geschnittenen Fleisch in die Suppe geben, mit Schnittlauch bestreuen.
Bei Tisch zunächst die Suppe samt Wurzelwerk und Lauch entnehmen und mit Einlage nach Wunsch servieren, als zweiten Gang den Tafelspitz.

KOCHDAUER ca. 3–3½ Stunden

BEILAGENEMPFEHLUNG Schnittlauchsauce, Apfel- oder Semmelkren, Rösterdäpfel, Cremespinat, Dillfisolen, Kochsalat mit Erbsen, Kohl nach Wiener Art oder Dillkürbis

Tipps zum Rezept finden Sie auf S. 70

TIPPS Geben Sie 5 Minuten vor Kochende 4 blanchierte Markscheibenknochen in die Suppe und servieren Sie diese anschließend mit geröstetem (gebähtem) Schwarzbrot, Meersalz und frisch gemahlenem schwarzen Pfeffer. Servieren Sie Suppe, Gemüse und den geschnittenen Tafelspitz im Topf. So bleibt das Fleisch saftig und heiß. Auf dieselbe Art lassen sich Hüferscherzel, Hüferschwanzel, Mageres Meisel, Kruspelspitz, Weißes Scherzel, Schulterscherzel, Kavalierspitz, Tafelstück oder Beinfleisch sowie andere zum Kochen geeignete Teile des Rindes zubereiten.

Apfelkren

ZUTATEN FÜR 4 PORTIONEN

400 g Äpfel, geschält, entkernt
1–2 EL Zitronensaft
10 g Zucker
15 g Kren, gerieben
Prise Salz
1 EL Öl

ZUBEREITUNG

Äpfel zerkleinern, mit ganz wenig Wasser, Zitronensaft und Zucker zugedeckt weich dünsten. Äpfel passieren, erkalten lassen und mit den restlichen Zutaten vermischen

Apfelkren aus rohen Äpfeln

ZUTATEN FÜR 4 PORTIONEN

300 g Äpfel, säuerlich, geschält, entkernt
2–3 EL Zitronensaft
15 g Kren, gerieben
10 g Zucker
Prise Salz
1 EL Öl

ZUBEREITUNG

Äpfel mit dem Krenreißer fein schaben und sofort (um Braunfärbung zu vermeiden) mit Zitronensaft verrühren. Kren, Zucker, Salz und Öl beimengen.

Semmelkren

ZUTATEN FÜR 4 PORTIONEN

125 g Semmeln vom Vortag
oder Semmelwürfel, getrocknet
ca. 0,6 l Rindsuppe
⅛ l Schlagobers
Salz
ca. 3 EL Kren, gerieben

ZUBEREITUNG

Semmeln in Würfel schneiden. Semmelwürfel, Suppe, Obers und Salz vermischen. Unter Rühren zum Kochen bringen, Kren einrühren. Bei Bedarf noch etwas Suppe zugießen

Schnittlauchsauce

ZUTATEN FÜR 4 PORTIONEN

100 g Weißbrot, entrindet
0,2 l Milch
2 Dotter, gekocht
2 Dotter, roh
Salz
Apfel- oder Hesperidenessig
nach Geschmack
Pfeffer
Prise Zucker
0,4 l Pflanzenöl, geschmacksneutral
1 Ei, gekocht, fein gehackt
4–5 EL Schnittlauchröllchen

ZUBEREITUNG

Weißbrot in kalter Milch einweichen, anschließend leicht ausdrücken. Weißbrot, rohe und gekochte Dotter, Salz, Essig, Pfeffer und Zucker mit einem Stabmixer unter ständiger Beigabe von Öl zu einer sämigen Sauce verarbeiten.
Gekochtes, gehacktes Ei und Schnittlauch einrühren, einige Stunden kühl aromatisieren lassen.

TIPP Wenn man den Schnittlauch weglässt und erst vor dem Servieren einrührt, hält sich die Sauce gut gekühlt einige Tage.

Dillkürbis

ZUTATEN FÜR 4 PORTIONEN

1 kg Stangen- oder Muskatkürbis
80 g Zwiebeln
Salz
20 g Butter
0,2 l Gemüsesuppe
1 EL Paprikapulver, edelsüß
1 EL Dillspitzen, gehackt
etwas Apfelessig
20 g Mehl
0,2 l Sauerrahm
Pfeffer

ZUBEREITUNG

Kürbis schälen, entkernen und raspeln oder in Scheiben schneiden. Zwiebeln fein schneiden, Kürbis mit Salz abmischen. Nach 30 Minuten leicht abpressen. Zwiebeln in heißer Butter hell rösten, Kürbis hinzufügen. Mit Suppe aufgießen, zugedeckt ca. 6–8 Minuten dünsten. Paprikapulver, Dill und Essig einrühren. Mehl und Sauerrahm mit einem Schneebesen glatt verrühren, unter den Kürbis rühren, aufkochen und würzen.

Dillfisolen

ZUTATEN FÜR 4 PORTIONEN

1 kg Fisolen
Salz
20 g Butter
20 g Mehl
0,2 l Suppe, mild
¼ l Sauerrahm
1 EL Dillspitzen, gehackt
Pfeffer
Apfel- oder Hesperidenessig

ZUBEREITUNG

Enden der Fisolen abkappen, an den Nahtstellen befindliche Fäden abziehen. Fisolen in Salzwasser knackig kochen, abseihen, mit kaltem Wasser abfrischen, in Rauten schneiden.
Butter in einer flachen Kasserolle schmelzen, Mehl einrühren, hell rösten.
Mit heißer Suppe aufgießen, mit einem Schneebesen glatt verrühren, Sauerrahm einrühren, gekochte Bohnen daruntermischen, kurz aufkochen. Dill einrühren, mit Salz, Pfeffer und Essig würzen.

Kohl nach Wiener Art

ZUTATEN FÜR 6 PORTIONEN

800 g Kohl, geputzt
Salz
20 g Butter
20 g Mehl
¼ l Rindsuppe
60 g Frühstücksspeck
1–2 Knoblauchzehen, gepresst
Pfeffer

ZUBEREITUNG

Kohl von Außenblättern befreien, halbieren, Strunk herausschneiden. Kohl in grobe Streifen schneiden. In Salzwasser knackig kochen, abseihen, in kaltem Wasser abfrischen, abseihen, abpressen und grob hacken.
In einer Kasserolle Butter schmelzen, Mehl einrühren, hell anschwitzen, mit heißer Suppe aufgießen, mit einem Schneebesen glatt verrühren. Kohl einrühren und ca. 5 Minuten kochen.
Speck in Würfel schneiden, in einer Pfanne rösten, unter den Kohl mischen, mit Knoblauch, Salz und Pfeffer würzen.

Rösterdäpfel

ZUTATEN FÜR 4 PORTIONEN

600 g Erdäpfel, speckig, gekocht, geschält
4 EL Öl, geschmacksneutral
1 EL Zwiebeln, fein geschnitten
Salz

ZUBEREITUNG

Erkaltete Erdäpfel mit einem Röstireißer reiben.
2 EL Öl in einer beschichteten Pfanne erhitzen, Zwiebeln hell rösten, aus der Pfanne geben.
2 EL Öl in der gleichen Pfanne erhitzen, Erdäpfel unter Wenden knusprig rösten. Geröstete Zwiebeln und Salz daruntermischen.

Kalbsvögerl

ZUTATEN FÜR 4 PORTIONEN

1 kg Kalbsvögerl
(ausgelöste Kalbsstelze)
120 g Spickspeck
4 EL Öl
0,3 l Wasser, Suppe oder brauner Fond
Salz
Butter oder Stärkemehl nach Wunsch

DAZU PASST

Kräftige Weißwein-Reserve von Grünem Veltliner oder Riesling (z.B. Kremstal DAC oder Kamptal DAC). Oder harmonischer, eleganter Rotwein, z.B. Pinot Noir oder Blaufränkisch.

ZUBEREITUNG

Vögerl zuputzen, ohne die Deckhäute abzuziehen. Entlang der Muskelstränge in Stücke trennen. Speck in ca. 4 mm dicke Streifen schneiden. Vögerl mit Hilfe einer Spicknadel spicken und salzen.
Öl in einer Bratpfanne erhitzen, Vögerl darin auf allen Seiten hell anbraten und in das auf 200 °C vorgeheizte Backrohr schieben.
Unter ständigem Begießen ca. 1½ Stunden braten, nach und nach Wasser (Suppe oder Fond) zugeben. Fertig braten, dabei immer wieder mit dem sich reduzierenden Saft übergießen. Dadurch entwickeln die Vögerl die charakteristisch glänzende Oberfläche, die einer Glasur gleicht.
Vögerl aus der Pfanne heben, Saft-Konsistenz bei Bedarf durch Flüssigkeitszugabe bzw. reduzierendes Kochen optimieren.
Saft nach Wunsch mit kalten Butterstücken montieren oder, falls ein molligerer Saft gewünscht wird, 1 KL Stärkemehl mit etwas kaltem Wasser vermischen und in den kochenden Saft rühren. Saft seihen.
Vögerl gegen den Faserlauf in Scheiben schneiden oder im Ganzen auftragen.

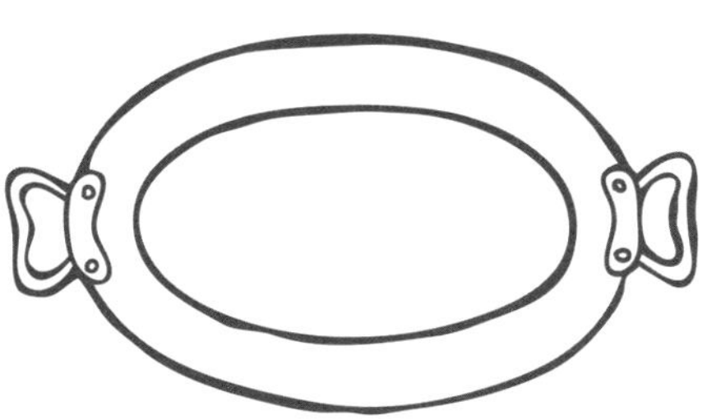

Kalbschulterscherzel mit Zweigeltsaft

ZUTATEN FÜR 4 PORTIONEN

100 g Karotten und Sellerieknolle, geschält
80 g Zwiebeln, geschält
1,2 kg Kalbsschulterscherzel
Salz
Pfeffer
4 EL Öl
1 KL Tomatenmark
¼ l Zweigelt oder anderer Rotwein
0,3 l Suppe, Kalbsfond, braun, oder Wasser
10 Pfefferkörner
½ Lorbeerblatt
<u>für den Saft</u>
2 KL Stärkemehl
1 KL Mehl, glatt
etwas Rotwein zum Verrühren

DAZU PASST

Großer Rotwein (Zweigelt oder Cuvée mit Zweigelt) mit 5 Jahren Flaschenreife, zum Beispiel Neusiedlersee DAC oder Carnuntum.

ZUBEREITUNG

Karotten, Sellerie und Zwiebeln grob würfelig schneiden. Schulterscherzel mit Salz und Pfeffer würzen.
Öl in einer Bratenpfanne erhitzen, Schulterscherzel einlegen, beidseitig anbraten, aus der Pfanne heben.
Zwiebeln, Karotten und Sellerie im verbleibenden Öl unter Rühren hell rösten, Tomatenmark beigeben, kurz rösten. Mit Wein ablöschen, mit Suppe (Fond oder Wasser) auffüllen, aufkochen.
Schulterscherzel und Gewürze beigeben. Zugedeckt auf dem Herd oder im auf 180 °C vorgeheizten Backrohr unter oftmaligem Wenden weich schmoren. Bei Bedarf Flüssigkeit ergänzen.
Schulterscherzel aus dem Saft heben und warm stellen. Stärkemehl und Mehl mit Rotwein glatt verrühren, Saft aufkochen. Stärkemischung zügig mit einem Schneebesen einrühren. Saft 2 Minuten kochen, durch ein feines Sieb seihen.
Schulterscherzel gegen den Faserlauf schneiden, anrichten und mit dem Saft überziehen.

GARDDAUER ca. 90 Minuten

BEILAGENEMPFEHLUNG Wurzelgemüse, Kohlsprossen, Erbsenschoten, karamellisierte Maroni, Erdäpfelpüree

Gefüllter Ochsenschlepp

ZUTATEN FÜR 6 PORTIONEN

2 kg Ochsenschlepp (dicker Teil), in Scheiben geschnitten
5 EL Öl
Salz
Pfeffer
120 g Wurzelwerk (Karotte, Sellerie, Petersilienwurzel)
80 g Zwiebeln
70 g Tomatenmark
¼ l Rotwein
ca. 1½ l Rindsuppe, Kalbsfond, braun, oder Wasser
1 Lorbeerblatt
1 Thymiansträußchen
8 Pfefferkörner
1 KL Stärkemehl

für die Füllung

120 g Semmelwürfel
ca. ⅛ l Milch
1 Ei
35 g geschmolzene Butter
Salz
Petersilie, gehackt

zum Fertigstellen

Butter zum Bestreichen
reichlich Rindsuppe zum Garen

DAZU PASST

Großer österreichischer Rotwein mit mind. 5 Jahren Flaschenreife.

ZUBEREITUNG

Ochsenschlepp bei den Gelenken durchschneiden.
Öl erhitzen, Fleisch salzen, pfeffern und auf beiden Seiten sehr braun anbraten. Aus der Kasserolle heben.
Geschältes Wurzelwerk in grobe Würfel schneiden, ebenso die Zwiebeln. Im verbliebenen Öl braun rösten, Tomatenmark beigeben, weiterrosten. Mit ⅛ l Rotwein ablöschen, nicht zugedeckt reduzieren. Mit Suppe (braunem Fond oder Wasser) auffüllen, Ochsenschleppscheiben und restliche Gewürze beigeben.
Zugedeckt auf dem Herd oder im Backrohr ca. 3–3¼ Stunden dünsten. Bei Bedarf Flüssigkeit ergänzen.
Wenn das Fleisch weich ist und sich leicht vom Knochen lösen lässt, aus der Sauce heben.
Restlichen Rotwein und Stärke verrühren, zügig unter die Sauce mengen. Sauce einige Minuten kochen, durch ein sehr feines Sieb passieren (Wurzeln nicht durch das Sieb drücken), abschmecken.
Semmelwürfel in Milch einweichen. Ei verschlagen, mit Butter, Salz, Petersilie und den eingeweichten Semmelwürfeln vermischen. Masse in den mit kaltem Wasser benetzten Handflächen zu 12 Kugeln formen.
Fleisch von den überkühlten Ochsenschleppstücken lösen, bei Bedarf in kleinere Stücke schneiden. Auf die Kugeln verteilen, rundum fest anpressen. Es sollte jeweils ein geschlossener Kreis von Ochsenschleppstücken entstehen.
In 12 mit weicher Butter bestrichene Alufolie-Rechtecke einrollen und die beiden Enden straff zusammendrehen.
In zart wallender Suppe ca. 20 Minuten köcheln. Aus der Folie lösen, anrichten und mit Sauce übergießen.

PLACHUTTA

Kalbsnierenbraten

ZUTATEN FÜR 6 PORTIONEN

2 kg Kalbsnierenbraten,
vom Fleischer vorbereitet
(Niere abgetrennt, Rückgrat
ausgehackt und zerkleinert)
5 EL Öl
Salz
Pfeffer
1 KL Mehl, glatt
30 g Butter

DAZU PASST

Großer, feiner Grüner Veltliner, Zierfandler/Rotgipfler, Morillon/Chardonnay, aber auch großer Riesling, z.B. Smaragd aus der Wachau. Als Kontrapunkt kühl servierter Pinot Noir.

ZUBEREITUNG

Überschüssiges Fett von der Niere abschneiden, sodass eine dünne Fettabdeckung erhalten bleibt. Etwas Öl in einer Bratenpfanne verteilen, Knochen einschichten. Kalbsnierenbraten beidseitig salzen, mit Öl einstreichen. Mit der Außenseite nach unten in die Bratenpfanne einlegen, Niere mit Salz und Pfeffer würzen, zum Nierenbraten legen. Bei anfangs starker Hitze braten, dabei öfter mit dem sich bildenden Bratrückstand übergießen. Fallweise etwas Wasser untergießen. Nach 1 Stunde Hitze auf 160 °C reduzieren. Braten wenden, nochmals 1 Stunde braten, dabei öfter übergießen. Die Niere benötigt eine kürzere Garzeit. Um den Garzustand zu überprüfen, mit einer Nadel anstechen: Wenn klarer Saft austritt, ist die Niere fertig und wird warm gestellt. Fertigen Nierenbraten aus der Pfanne heben, bei 60 °C ca. 15 Minuten warm rasten lassen. Knochen weiterrösten, bis die Flüssigkeit verdunstet ist. Mehl einstreuen, weiterrösten, mit 0,4 l Wasser aufgießen, reduzierend kochen, Saft abseihen, aufkochen, kalte Butter in Stücken einrühren.
Fleisch in Tranchen schneiden, auf vorgewärmten Tellern anrichten, je 2 Nierenscheiben zum Bratenstück reichen. Mit Saft umgrenzen.

BRATTEMPERATUR ca. 200–220 °C, nach 1 Stunde auf ca. 160 °C senken, bei 60 °C warm rasten lassen

GARDAUER ca. 2 Stunden plus 15 Minuten rasten lassen

Beiried nach Husarenart

ZUTATEN FÜR 6 PORTIONEN

200 g Karotten und Sellerieknolle, zu gleichen Teilen
120 g Zwiebeln
1,8 kg Beiried, geputzt
Salz
Pfeffer
ca. 5 EL Öl zum Anbraten
1 EL Tomatenmark
0,3 l Rotwein
1,2 l Suppe, Fond, braun, oder Wasser
2 Lorbeerblätter
ca. 10 Pfefferkörner
1 Thymianzweig

für die Sauce

0,3 l Rotwein
2–3 KL Stärkemehl

für die Buttersauce

200 g Butter
2 Dotter
ca. 2 EL Wasser oder Suppe
Salz
etwas Essig

zum Vollenden

150 g Tomaten
1 EL Butter

DAZU PASST

Feuriger Rotwein mit kräftiger Tanninstruktur und Tiefgang, z.B. Mittelburgenland DAC Reserve.

ZUBEREITUNG

Wurzelwerk und Zwiebeln schälen, getrennt in grobe, gleichmäßige Würfel schneiden. Beiried mit Salz und Pfeffer würzen. Öl in einem Schmortopf oder einer Kasserolle erhitzen, Beiried rundum braun anbraten, aus der Pfanne heben.

Wurzelwerk im Bratenrückstand hell rösten, Zwiebeln beigeben, weiterrösten. Tomatenmark beigeben, einrühren, dunkel rösten. Mit Rotwein ablöschen, reduzierend kochen, mit Suppe (braunem Fond oder Wasser) aufgießen, aufkochen. Beiried in den Saft geben, Lorbeerblätter, Pfefferkörner und Thymian beigeben, aufkochen. Zugedeckt im vorgeheizten Rohr bei 180 °C unter Wenden ca. 2¼–3 Stunden dünsten.

Beiried aus dem Saft heben, warm stellen. Rotwein und Stärke verrühren, mit einem Schneebesen in den kochenden Saft einrühren. Aufkochen, durch ein feines Sieb passieren.

Für die Buttersauce Butter schmelzen, auf ca. 40 °C erwärmen. Dotter, Wasser (Suppe), Salz und Essig in einem Schneekessel über Dampf lauwarm schaumig schlagen. Butter unter ständigem Schlagen hinzufügen, zu einer sämigen, dicklichen Sauce schlagen.

Paradeiser in siedendem Wasser ca. 10 Sekunden überbrühen, in kaltes Wasser legen. Haut abziehen, Paradeiser vierteln, Kerngehäuse ausschneiden. Paradeiser in ca. 1 cm große Würfel schneiden. 1 EL Butter in einer kleinen Pfanne erhitzen, Tomatenwürfel kurz farblos braten, mit Salz und Pfeffer würzen.

Beiried gegen den Faserlauf in gleichmäßige Scheiben schneiden. Anrichten, mit Rotweinsauce überziehen. Buttersauce entlang der Scheiben darüber geben, Paradeiswürfel darüber verteilen.

Zwiebelrostbraten

ZUTATEN FÜR 4 PORTIONEN

Für die Röstzwiebeln
400 g Zwiebeln, geschält
Mehl zum Bestauben
reichlich Öl zum Frittieren

für den Rostbraten
800 g Rostbratenried, geputzt
Salz
Pfeffer
Mehl zum Bestauben
3 EL Öl zum Braten

für den Saft
0,2 l Suppe, Fond, braun, oder Wasser
20 g Butter

DAZU PASST

Großer Blaufränkisch mit intensivem Waldbeerenbukett. Oder hochwertige Roweincuvée mit Cabernet Sauvignon und/oder Merlot.

ZUBEREITUNG

Zwiebeln in feine Ringe schneiden, in Mehl wenden, abschütteln. Öl in einer tiefen Pfanne erhitzen. Zwiebelringe unter ständigem Rühren mit einer Fleischgabel hellbraun backen. Aus dem Öl heben, abpressen.
Mit einer Gabel auflockern, abtropfen lassen.
Auf Küchenkrepp locker verteilen, warm stellen.
Fleisch in 4 Scheiben schneiden. Ca. 6 mm dünn plattieren und Ränder einschneiden. Rostbraten beidseitig mit Salz und Pfeffer würzen. Eine Seite gleichmäßig mit Mehl bestauben, abschütteln, leicht anpressen.
Öl erhitzen, Rostbraten mit der bemehlten Seite nach unten einlegen. Kräftig braun anbraten, wenden, kurz auf der zweiten Seite braten, das Fleisch soll auf den Punkt gebraten sein. Aus der Pfanne heben, mit Alufolie bedecken, warm stellen.
Fett aus der Pfanne gießen, Suppe (braunen Fond oder Wasser) zugießen, reduzierend kochen, bis sich der Bratensatz löst. Saft aufkochen, kalte Butter in Stücken einrühren, eventuell Saft seihen.
Rostbraten mit der zuerst gebratenen Seite in den Saft legen. Nicht aufkochen, mehrmals wenden, damit sich der Saft aromatisiert. Rostbraten anrichten und heiße, leicht gesalzene Röstzwiebeln darüber verteilen.

BEILAGENEMPFEHLUNG Braterdäpfel, geschälte Salzgurken

TIPP Traditionell wird Rostbraten aus der saftig durchwachsenen Rostbratenried geschnitten. Heute wird jedoch vielfach die fettärmere Beiried bevorzugt.

Esterhazyrostbraten

ZUTATEN FÜR 4 PORTIONEN

1 kg Rostbratenried oder Beiried
Salz
Pfeffer
Estragonsenf zum Bestreichen
4 EL Öl
100 g Zwiebeln
0,4 l Suppe, Fond, braun, oder Wasser
8 Kapern
etwas Bio-Zitronenschale, abgerieben
250 g Wurzelgemüse
(Karotten, Sellerie, Gelbe Rüben)
20 g Butter
⅛ l Sauerrahm
20 g Mehl, glatt
Petersilie, gehackt

DAZU PASST

Zweigelt (Rotburger), z.B. Rubin Carnuntum oder Neusiedlersee DAC, oder Sankt Laurent aus der Thermenregion oder dem Burgenland.

ZUBEREITUNG

Fleisch in 4 Scheiben schneiden, plattieren, Ränder einschneiden. Salzen, pfeffern, mit Senf bestreichen. In heißem Öl beidseitig braun anbraten, aus der Kasserolle heben. Zwiebeln schälen, in Streifen schneiden, im verbliebenen Fett in der Kasserolle hell rösten. Mit Suppe (braunem Fond oder Wasser) aufgießen, verrühren, aufkochen und Rostbraten einlegen. Gehackte Kapern und Zitronenschale hinzufügen. Zugedeckt auf dem Herd oder im Rohr dünsten, bei Bedarf zusätzliche Flüssigkeit ergänzen. Geschälte Wurzeln in feine, lange Streifen schneiden (ca. 2 mm), in heißer Butter andünsten und 4 Minuten vor Garende dazugeben. Gemeinsam knackig dünsten. Fleisch aus der Sauce heben; Sauerrahm mit Mehl verrühren, unter die Sauce mengen, einige Minuten verkochen lassen. Rostbraten anrichten, mit Wurzelsauce bedecken und mit Petersilie bestreuen.

GARDAUER ca. 1¼ Stunden

TIPP Man kann die Wurzelstreifen auch extra in Suppe oder Salzwasser knackig kochen, in Butter schwenken und auf dem angerichteten Rostbraten verteilen.

Wiener Rindsrouladen

ZUTATEN FÜR 4 PORTIONEN

50 g Karotten, geschält
50 g Gelbe Rüben, geschält
80 g Selchspeck
50 g Essiggurken
100 g Zwiebeln
4 Rindsschnitzel vom Ortsschwanzel (Schale ohne Deckel)
Salz
Pfeffer
Estragonsenf zum Bestreichen
4 EL Öl zum Anbraten
Mehl zum Stauben
1 EL Tomatenmark
0,7 l Suppe, Fond, braun, oder Wasser
10 Pfefferkörner
1 Lorbeerblatt

für die Sauce

0,2 l Sauerrahm
1 EL Estragonsenf
20 g Mehl, glatt

ZUBEREITUNG

Karotten, Gelbe Rüben, Speck und Essiggurken in ca. 4 mm dicke Streifen schneiden. Zwiebeln schälen, in grobe Würfel schneiden.
Fleisch an den Rändern einschneiden. Zwischen Frischhaltefolie plattieren, beidseitig mit Salz und Pfeffer würzen, mit Senf bestreichen. Mit Speck-, Gurkerl- und Wurzelstreifen belegen. Einrollen und mit Küchengarn oder Zahnstocher fixieren.
Öl erhitzen, Fleisch rundum anbraten, aus dem Topf heben. Zwiebeln im Öl rösten, etwas Mehl einrühren, braun rösten. Tomatenmark beigeben, rösten, mit Suppe (braunem Fond oder Wasser) aufgießen.
Rouladen in den kochenden Saft legen. Pfeffer und Lorbeer beigeben, zugedeckt im heißen Rohr bei 180 °C ca. 1¼ Stunden weich dünsten. Bei Bedarf Flüssigkeit ergänzen. Aus der Sauce heben, Küchengarn (Zahnstocher) entfernen, Rouladen warm stellen.
Sauerrahm, Senf und Mehl verrühren, in die kochende Sauce rühren. Sauce aufkochen, passieren, Rouladen einlegen, ziehen lassen.

DAZU PASST

Kräftiger Grüner Veltliner, z.B. Smaragd aus der Wachau, Wiener Gemischter Satz DAC aus guter Lage oder Roter Veltliner vom Wagram. Alternativ fruchtiger Zweigelt (Rotburger) oder ein junger Pinot Noir.

Weihnachtsgans mit Maronifülle

ZUTATEN FÜR 4 PORTIONEN

1 Mastgans, ca. 4 kg, bratfertig
Salz
<u>für die Fülle</u>
300 g Semmeln vom Vortag
83 g Butter
80 g Zwiebeln
0,15 l Milch
4 Eier
Salz
1 EL Petersilie, gehackt
200 g Maroni, frisch gebraten, geschält, oder aus dem Glas/vakuumiert
100 g Pinienkerne
Öl oder Gänseschmalz zum Einstreichen des Backblechs
<u>für den Saft</u>
1 KL Mehl nach Bedarf
0,3 l Geflügelfond
20 g Butter

DAZU PASST

Grüner Veltliner Reserve mit 2–3 Jahren Reife, z.B. Kremstal DAC, Kamptal DAC oder Smaragd aus der Wachau. Alternativ junger, gekühlt servierter Rotwein oder große, reife Rotweincuvée.

ZUBEREITUNG

Semmeln in Würfel schneiden, Butter schmelzen. Zwiebeln, schälen, fein schneiden und in 20 g Butter hell rösten. Milch, restliche Butter und Eier mit einem Schneebesen verschlagen, Salz und Petersilie beigeben. Über die Semmelwürfel gießen und gut vermischen. Gehackte Maroni sowie Pinienkerne untermischen.
Federkiele und Innereien der Gans entfernen. Gans lauwarm waschen, mit Küchenkrepp außen und im Brustraum abtrocknen. Flügelenden abtrennen, Gans innen und außen kräftig mit Salz einreiben. Maroni-Semmel-Fülle unter Nachpressen in den Brustraum füllen.
Backrohr auf 160 °C Umluft vorheizen. Ein tiefes Backblech mit Öl (Gänseschmalz) einstreichen.
Gans mit der Brust nach oben auf das Blech setzen.
Ca. 40 Minuten braten, bei Bedarf etwas Wasser zugießen. Während des Bratens häufig übergießen. Bei beginnender Bräunung Temperatur auf 150 °C reduzieren.
Mit einer Gabel die Haut zwischen Keulen und Brust mehrmals anstechen, damit Fett abfließen kann.
Nach ca. 3¼–4 Stunden Gans aus der Pfanne heben, warm stellen. Überschüssiges Fett aus der Pfanne gießen. Bratenrückstand mit Mehl bestauben, kurz rösten und mit Fond (Wasser) auffüllen. Reduzierend kochen, kalte Butterstücke einrühren, Saft abseihen.
Gänsekeulen abtrennen, beim Gelenk teilen. Brust von den Rippen ablösen, halbieren. Die verbleibende Karkasse vorsichtig, am besten mit einer Geflügelschere, öffnen, die Fülle herausheben.
Fülle in Scheiben schneiden, mit Gänsefett einstreichen, mit dem Gänsebraten servieren. Saft dazu reichen.

Süßes

DIE WIENER KÜCHE GILT
ZURECHT ALS EINE DER BESTEN
MEHLSPEISENKÜCHEN WELTWEIT.

Maronireis

ZUTATEN FÜR 6 PORTIONEN

800 g Maroni
130 g Staubzucker
2 EL Vanillezucker
1 EL Inländerrum
½ l Schlagobers
Staubzucker zum Bestreuen

DAZU PASST

Halbtrockener Rosé vom Zweigelt, reifer Eiswein oder Rosé-Sekt, auch aus Niederösterreich oder dem Burgenland.

ZUBEREITUNG

Maroni mit Wasser bedeckt ca. 45 Minuten kochen. Abseihen, mit kaltem Wasser abschrecken, schälen. Anschließend passieren oder fein faschieren, mit Staub- und Vanillezucker sowie Rum verkneten.
Obers schlagen, mittels Spritzsack erhaben auf Teller oder in kleine Schüsseln aufdressieren.
Maronimasse mit einer Kastanien- oder Spätzlepresse auf dem Schlagobers verteilen. Mit Staubzucker bestreuen.

TIPPS Wer sich das Maronikochen und -schälen ersparen will, verwende im Handel erhältliches, ungesüßtes Maronipüree und vollende dieses wie beschrieben mit Rum, Staub- und Vanillezucker. Als Garnitur passen Amarenakirschen sehr gut.

Schneenockerl

ZUTATEN FÜR 6 PORTIONEN

8 Eiweiß
240 g Kristallzucker
Prise Salz
Spritzer Zitronensaft

für die Vanillesauce

¼ l Milch
¼ l Schlagobers
100 g Kristallzucker
20 g Vanillepuddingpulver
2 Dotter
3 EL Inländerrum

für die Schokosauce

190 g Kuvertüre
¼ l Schlagobers

für die Erdbeersauce

250 g Erdbeeren, frisch oder tiefgekühlt
50 g Staubzucker
1 EL Zitronensaft

DAZU PASST

Nicht zu mächtiger Ruster Ausbruch mit 3–5 Jahren Flaschenreife. Oder feiner Rosé-Sekt brut, hergestellt nach Méthode Traditionnelle mit elegantem Mousseux.

ZUBEREITUNG

Für die Vanillesauce Milch mit Schlagobers verrühren, zwei Drittel davon mit Kristallzucker aufkochen. Restliche Milch-Schlagobers-Mischung mit Vanillepuddingpulver, Dotter und Rum mit einem Schneebesen durchrühren. Sofort in die kochende Milch-Schlagobers-Mischung gießen und bei mäßiger Hitze unter ständigem Rühren mit einem Schneebesen ca. 2 Minuten kochen. Mit dem Stabmixer kurz mixen und sofort verwenden bzw. zum Warmhalten in ein warmes Wasserbad stellen und mit Frischhaltefolie abdecken (max. ca. 30 Minuten).

Für die Schokosauce Kuvertüre in kleine Stücke brechen. Schlagobers aufkochen, Kuvertüre unter ständigem Rühren im Obers schmelzen, einmal aufkochen. Warm servieren.

Für die Erdebeersauce alle Zutaten gemeinsam aufkochen. Vom Feuer nehmen, mit einem Stabmixer zu cremiger Konsistenz mixen und passieren.

Für die Nockerl Eiweiß, Kristallzucker, Salz und Zitronensaft mit der Küchenmaschine oder mit einem Handrührgerät mit Schneebesen gemeinsam zu festem Schnee schlagen.

Eine flache Wanne oder große Kasserolle halb mit Wasser füllen, auf ca. 80 °C erhitzen. Aus der Schneemasse mit einer Teigkarte große Nocken formen. In das Wasser legen und pochieren.

Nach ca. 5 Minuten wenden, nach weiteren 5 Minuten mit einer Backschaufel aus dem Wasser heben. Warm oder kalt mit Vanillesauce servieren.

GARDAUER ca. 10 Minuten, je nach Größe

Kaiserschmarren

ZUTATEN FÜR 3–4 PORTIONEN

120 g Mehl, glatt oder Universal
¼ l Milch
1 EL Vanillezucker
Prise Salz
4 Dotter
4 Eiweiß
50 g Kristallzucker
ca. 50 g Butter
30 g Rosinen, in Inländerrum eingelegt
30 g Kristallzucker zum Karamellisieren
Staubzucker zum Bestreuen

<u>für den Röster</u>
1 kg Marillen
1 Zimtrinde
5 Gewürznelken
120 g Kristallzucker
2 EL Zitronensaft

DAZU PASST

Fruchtsüße weiße Spätlese oder Auslese mit spürbarem Restzucker und guter Säure.

ZUBEREITUNG

Für den Röster Marillen waschen, halbieren und entkernen. Zimtrinde zerkleinern und mit Nelken in ein Leinentuch binden.
3 cl Wasser, Zucker, Zitronensaft und Marillen langsam erhitzen. Gewürzsäckchen beigeben, unter öfterem Umrühren ca. 35 Minuten kernig-weich dünsten. Bei Bedarf etwas Wasser zugießen. Gewürzsäckchen entfernen.
Für den Schmarren Mehl mit Milch, Vanillezucker und Salz mit einem Schneebesen glatt verrühren, Dotter einrühren.
Eiweiß mit Kristallzucker zu cremig-steifem Schnee schlagen, unter den Teig heben. Butter in 2 ofenfesten Pfannen oder einem flachen Bräter erhitzen, Masse eingießen, Rosinen darüberstreuen.
Im vorgeheizten Backrohr ca. 9 Minuten backen, mit einer Backschaufel vierteln, wenden und ca. 3 Minuten fertig backen. Mit 2 Gabeln in ungleichmäßige Stücke zerreißen. Mit Kristallzucker bestreuen und im Backrohr oder auf dem Herd karamellisieren. Anrichten und mit Staubzucker bestreuen.

BACKEN unterste Schiene, 210 °C Ober-/Unterhitze

BACKDAUER 12 Minuten

Apfelstrudel

ZUTATEN FÜR 2 STRUDEL À CA. 32 CM = 1 BACKBLECH (8–10 PORTIONEN)

für den Belag
60 g Butter
100 g Semmelbrösel
1,3 kg Äpfel, säuerlich, geschält, entkernt
100–150 g Zucker (je nach Säuregrad der Äpfel)
1 EL Vanillezucker
1 KL Zimt
40 g Inländerrum
Saft einer Zitrone
60 g Rosinen

für den Strudelteig
250 g Mehl
Prise Salz
13 g Öl
Mehl zum Bestauben
120 g Butter zum Bestreichen
Staubzucker zum Bestreuen

DAZU PASST

Elegante Trockenbeerenauslese aus dem Seewinkel von Welschriesling, Chardonnay oder Scheurebe, auch ein großer Ruster Ausbruch.

ZUBEREITUNG

Butter in einer Pfanne erhitzen, Semmelbrösel hinzufügen, goldbraun anrösten, kalt stellen. Äpfel vierteln, in ca. 3 mm dicke Scheiben schneiden und mit Zucker und Vanillezucker sowie Zimt, Rum, Zitronensaft und Rosinen vermengen.
Mehl kegelartig auf der Arbeitsfläche anhäufen, oben einen Krater bilden. Salz, Öl sowie nach und nach 150 ml lauwarmes Wasser mit einer Gabel einrühren und alle Zutaten zu einem glatten, seidigen Teig verkneten. Teig dünn mit Öl bestreichen und zugedeckt ca. 30 Minuten ruhen lassen.
Ein Tuch mit Mehl bestauben, Teig darauf legen und ebenfalls mit Mehl anstauben. Mit einem Nudelholz gleichmäßig dünn ausrollen und kräftig mit flüssiger Butter bestreichen. Zugedeckt einige Minuten stehen lassen.
Anschließend lässt sich der Teig wunderbar ausziehen: mit den bemehlten Rücken beider Hände vorsichtig unter den Teig greifen und ihn mit den Handrücken gleichmäßig hauchdünn zu einem Rechteck ausziehen; dabei beide Hände verwenden. Anschließend überstehende Ränder abschneiden. Der Teig sollte eine Breite von ca. 40 cm aufweisen.
Teig der Hälfte nach durchtrennen. Butterbrösel und Apfelmasse halbieren. Butterbrösel ca. 15 cm breit aufstreuen, Hälfte der Füllung darauf verteilen. Den restlichen Teig mit flüssiger Butter beträufeln. Durch Anheben des Tuches Strudel straff einrollen. Enden verschließen, mit dem Teigschluss nach unten auf eine Längsseite eines gebutterten Backblechs legen, nochmals kräftig mit flüssiger Butter bestreichen.
Vorgang für den 2. Strudel wiederholen. Im vorgeheizten Backrohr bei 210 °C Umluft ca. 30 Minuten knusprig braun backen. Mit Staubzucker bestreuen, nach Geschmack warm, lauwarm oder kalt servieren.

Sisi
eine Kaiserin wider Willen

Heute verbindet man mit Kaiser Franz Josephs Frau Elisabeth die Erinnerung an eine wunderschöne, ungezwungene und vielleicht extravagante Kaiserin – beinahe jeder sieht die entzückende junge Romy Schneider aus den berühmten Sissi-Filmen der 1950er Jahre vor sich. Mit der historischen Person der Kaiserin Elisabeth hat das freilich wenig zu tun.

Elisabeth war zu ihren Lebzeiten keine allseits beliebte, umjubelte schöne Kaiserin, die Titelseiten füllte. Tatsache ist, dass über Elisabeth, die sich sehr früh ihrer öffentlichen Rolle als Kaiserin entzog und in den letzten Jahren selten in Wien weilte, nur selten berichtet wurde. Man wusste wenig vom Leben der Kaiserin, sah sie nur selten bei öffentlichen Anlässen und erklärte ihre Zurückgezogenheit mit ihrem angegriffenen Gesundheitszustand.

Die Situation änderte sich schlagartig, als man nach ihrer Ermordung erkannte, dass die Geschichte der jungen, schüchternen Prinzessin, die plötzlich Kaiserin wird und sich als freiheitsliebende Persönlichkeit strengen Hierarchien und höfischem Zeremoniell bei Hof nur schwer unterordnen kann, sich zu einer wunderschönen und selbstbewussten Frau entwickelt, aus diesem goldenen Käfig ausbricht und ihr eigenes unabhängiges Leben zu leben beginnt, dennoch unglücklich ist und tragisch ums Leben kommt, gut vermarkten lässt. So wurde Elisabeth posthum zur verehrten, selbstlosen und guten Kaiserin stilisiert.

EINE LIEBE AUF DEN ERSTEN BLICK

Im Sommer 1853 begleitete Sisi ihre Mutter und ihre ältere Schwester Helene – Néné – nach Bad Ischl, um den 23. Geburtstag ihres Cousins, des jungen Kaisers Franz Joseph zu feiern. Eigentlicher Grund dieser Reise waren allerdings Hochzeitspläne, die die Mütter der drei, die Schwestern sind, geschmiedet hatten: Franz Joseph sollte sich verloben. Die Mädchen wurden nicht in die Pläne der Mütter eingeweiht, um ein ungezwungenes Wiedersehen zu ermöglichen.

Doch Néné war nervös und angespannt, sie ahnte, dass für sie sehr viel auf dem Spiel stand. Sisi hingegen war unbekümmert, natürlich, unbefangen. – Franz Joseph verliebte sich auf den ersten Blick in sie und schwärmte: „Nein, wie süß Sisi ist, sie ist frisch wie eine aufspringende Mandel und welch herrliche Haarkrone umrahmt ihr Gesicht! Was hat sie für liebe, sanfte Augen und Lippen wie Erdbeeren!"

Gleich am nächsten Tag hielt er um ihre Hand an. Als Sisi gefragt wurde, brach sie in Tränen aus: „Wie kann er nur an mich denken? Ich bin ja so unbedeutend! – Ich hab den Kaiser so lieb! Wenn er nur kein Kaiser wäre!"

DIE FLUCHTEN DER KAISERIN

Elisabeth fühlte sich vom ersten Tag an unwohl in ihrer neuen Rolle, versuchte aber zu Beginn noch, die in sie gesetzten Erwartungen zu erfüllen. Doch ihre Pflichten als Kaiserin waren ihr von Anfang an unangenehm, Repräsentation und das strenge Hofzeremoniell waren ihr lästig, sie verabscheute die starren hierarchischen Strukturen und Intrigen des Wiener Hofes.

Elisabeths Reaktion auf ihr Gefühl der Einengung durch das zeremoniöse Hofleben war Flucht.

Die junge Kaiserin begann zu kränkeln und nutzte diesen Umstand, um sich – weit weg vom Wiener Hof – auf der Insel Madeira zu erholen. Zum ersten Mal war Sisi wieder frei von jeglicher Verpflichtung und genoss ihr Leben weitab von höfischen Zwängen. Sie dehnte den Kuraufenthalt aus und versuchte so lange wie möglich von Wien wegzubleiben.

Elisabeths Reaktion auf ihr Gefühl der Einengung durch das zeremoniöse Hofleben war Flucht. Flucht in Schönheitskult, Poesie und sportlichen Ehrgeiz. Sie galt als eine der schönsten Frauen ihrer Zeit, und sie war sich dessen durchaus bewusst. Ihre Schönheitspflege nahm einen Großteil ihres Tagesablaufes ein. Besonders stolz war Elisabeth auf ihr dichtes, beinahe wadenlanges Haar, das täglich zwei bis drei Stunden lang frisiert wurde.

SISIS SCHLANKHEITSKULT

Besonderen Wert legte Elisabeth auf ihre schlanke Linie. Sie war 172 Zentimeter groß und wog zwischen 47 und 52 Kilo. Bewundernswert war auch ihre unglaubliche Taille von 51 Zentimeter Umfang, wobei man jedoch nicht vergessen darf, dass Frauen zu der Zeit von Jugend an geschnürt wurden und Korsett trugen, was den Körper natürlich veränderte. Um schlank zu bleiben, trieb sie täglich Sport. Neben Reiten zählten Fechten und Schwimmen zu ihren bevorzugten Sportarten.

Zusätzlich probierte Elisabeth die verschiedensten Diäten, um ihr Gewicht zu halten. Dabei spielte die Waage eine entscheidende Rolle: Elisabeth wog sich täglich und trug nicht nur ihr Gewicht, sondern auch ihr sportliches Tagesprogramm in ein Büchlein ein. Mit zunehmendem Alter probierte sie immer exzessivere Diäten. Dazu gehörten abgesehen von Fasttagen auch Tage, an denen sie nur Milch trank bzw. Orangen oder Fleischbrühe aß.

Kaiserin Elisabeth legte enormen Wert auf ihre schlanke Linie und trieb täglich Sport.

Übertrieben sind allerdings die Gerüchte, Elisabeth habe sich von rohem Fleischsaft ernährt: Es wurde zwar täglich ein roher Kalbsschlögel in die Kammer der Kaiserin geliefert, doch von ihm wurde – nachdem er in Stücke geschnitten und mit einer Entenpresse ausgepresst ist – ein Extrakt abgekocht, den Elisabeth trank.

Ins Reich der Legenden muss verwiesen werden, dass Elisabeth ständig hungerte, um schlank zu bleiben. Rechnungen aus den verschiedensten Konditoreien zeigen, dass Elisabeth gerne Mehlspeisen und vor allem Eis aß. Originale Speisezettel zeigen außerdem, dass Elisabeth sehr wohl einen guten Appetit besaß: Ein gewöhnliches Frühstück bestand aus Kaffee mit kaltem und warmem Obers, süßen und gesalzenen Bäckereien, Eiern, kaltem Fleisch, Honig, Obst und verschiedenem Gebäck. Dazu trank sie ein Glas Wein.

KAISERLICHE ESSENSGEWOHNHEITEN

Besonders wichtig waren Elisabeth frische Milch und Milchprodukte. Zu diesem Zweck richtete sie 1895 im Schönbrunner Schlosspark sogar eine eigene kleine Meierei ein, von der sie täglich ihre frische Milch geliefert bekam. Auf Reisen – selbst auf Seereisen – nahm Elisabeth ihre Ziegen mit, um täglich frische Milch zu bekommen.

Eine besondere Schwäche hatte Elisabeth auch für französische Austern, die sie bei jeder Gelegenheit auf ihren Reisen, von Asti spumante begleitet, zu sich nahm. Fixpunkt eines jeden Diners, das zumeist aus Braten mit Gemüse bestand, war als Nachspeise Eis oder besser gesagt Sorbet, da es ohne Obers oder Milch zubereitet wurde. Elisabeths Lieblingsgefrorenes war Veilcheneis.

Zwei Faktoren mögen dazu beigetragen haben, dass sich heute allerlei Gerüchte um den Schlankheitswahn der Kaiserin ranken. Einerseits versuchte Elisabeth nie einem gängigen Schönheitsideal nachzueifern, sondern galt als viel zu mager. Eine „schöne" Frau war damals wesentlich runder und voller. Veranlagung mag eine wichtige Rolle gespielt haben, auch ihre Geschwister sind sehr schlank und hoch gewachsen.

Andererseits hatte Elisabeth eigene Essensgewohnheiten. Sie aß ein ausgiebiges Frühstück, ein Mittagessen, oft eine kleine Jause und eine letzte kleine Mahlzeit zwischen fünf und sechs Uhr nachmittags. Auch aus diesem Grund versuchte sie so oft wie möglich den allabendlichen Familiendiners fern zu bleiben. Ließ es sich nicht vermeiden, daran teilzunehmen, aß sie betont wenig und trug damit zu Gerüchten bei, sie würde gar nicht essen.

Tafeln mit Sisi

ORIGINALREZEPTE FÜR DIE KAISERIN

Einige Rezepte der Hofköche aus den Zeiten Kaiserin Elisabeths sind im Originaltext erhalten geblieben. Auch die Maßeinheiten sind altertümlich, ein Loth entspricht 17,5 Gramm, ein Pfund 560 Gramm, 1 dkg 10 Gramm und ein Seitel 0,35 Liter. Hier ein kleiner Einblick in die kaiserlichen Rezepte.

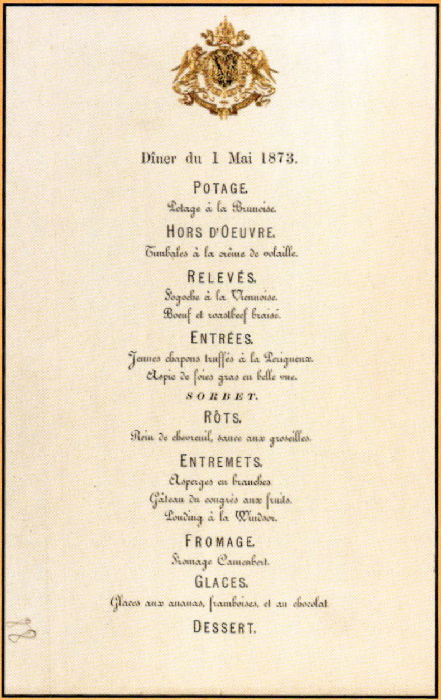
Dîner du 1 Mai 1873.

POTAGE.
Potage à la Brunoise.

HORS D'OEUVRE.
Timbales à la crème de volaille.

RELEVÉS.
Fogoche à la Viennoise.
Boeuf et roastbeef braisé.

ENTRÉES.
Jeunes chapons truffés à la Perigueux.
Aspic de foies gras en belle vue.

SORBET.

RÔTS.
Rein de chevreuil, sauce aux groseilles.

ENTREMETS.
Asperges en branches
Gâteau du congrès aux fruits.
Pouding à la Windsor.

FROMAGE.
Fromage Camembert.

GLACES.
Glaces aux ananas, framboises, et au chocolat

DESSERT.

GUGELHUPF IHRER MAJESTÄT

von Hofzuckerbäcker Seitz
28. August 1895

½ Pfund Mehl, 1 ½ Loth Germ, ¼ Pfund Butter, 1 ½ Loth Zucker, ein ganzes Ei und 5 Dotter gut abarbeiten. Gehen lassen. In eine befettete, mit Bröseln bestreute Form füllen, nochmals gehen lassen und langsam backen.

KÄS SOUFFLÉ IHRER MAJESTÄT

2 Loth Mehl, ½ Seitel Obers, 3 Loth Butter, 1 ganzes Ei, 1 Dotter und etwas Salz vermischen. Am Feuer abrühren, bis sich der Teig vom Gefäß löst. Dann 2 Dotter, 2 Loth Parmesan und 3 Klar Schnee einrühren. In eine gebutterte, bemehlte Souffléform füllen und im Wasserbad garen.

KRAPFEN VOM SCHIFFSKOCH IHRER MAJESTÄT

Von 4 dkg Germ, 28 dkg Mehl und der nötigen Milch ein Dampfl machen. Ist selbes gegangen, schlägt man 2 ganze Eier hinein und schlägt das Dampfl nochmals zusammen. 20 dkg Butter, 8 dkg Zucker, 10 Dotter, Salz und Vanille abtreiben. Mit dem Dampfl mischen, noch etwas mehr als ½ Pfund Mehl dazugeben und gut abschlagen. Die weitere Behandlung wie bei anderen Krapfen.

Marillenknödel

ZUTATEN FÜR CA. 15 STÜCK

für den Teig

60 g Butter, handwarm
Prise Salz
Schale einer halben Bio-Zitrone, abgerieben
1 Ei
1 Dotter
150 g Mehl, glatt
400 g Topfen, 20 %, passiert, trocken
Mehl, Universal oder griffig, zum Arbeiten

weiters

15 Marillen
15 Stück Würfelzucker
Mehl zum Bestauben
Salz
250 g Butter
150 g Semmelbrösel
Staubzucker zum Bestreuen

DAZU PASST

Riesling-Beerenauslese oder Eiswein aus Niederösterreich. Oder aromatischer Sekt, z.B. vom Traminer.

ZUBEREITUNG

Für den Teig handwarme Butter mit Salz und Zitronenschale schaumig rühren. Ei und Dotter einrühren. Mehl und Topfen hinzufügen, zu einem glatten Teig kneten. Mit Frischhaltefolie bedecken, ca. 4 Stunden im Kühlschrank kühlen.
Marillen waschen, abtrocknen, den Kern mit einem Kochlöffelstiel aus der Frucht drücken. Würfelzucker an Stelle des Kerns in die Frucht füllen.
Teig aus dem Kühlschrank nehmen, auf einer bemehlten Arbeitsfläche eine 5 cm dicke Rolle formen und in Scheiben schneiden, flach drücken, Marillen damit umhüllen, mit den Fingerspitzen verschließen. Mit bemehlten Händen rotierend runde Knödel formen.
Salzwasser aufkochen, Knödel einlegen, Topf leicht schütteln. Knödel zum Umdrehen mit dem Kochlöffel zart anstoßen. Nach 8 Minuten mit einer dünnen Nadel anstechen: Wenn die Frucht kernig weich ist, Knödel aus dem Wasser heben und gut abtropfen.
Butter schmelzen, Brösel darin goldgelb rösten.
Knödel in Butterbröseln wälzen, anrichten und mit Staubzucker bestreuen.

Salzburger Nockerl

ZUTATEN FÜR 3 NOCKERL

Butter zum Ausstreichen
6 Eiweiß
100 g Kristallzucker
1 KL Vanillezucker
2 Dotter
MS Bio-Zitronenschale, abgerieben
20 g Mehl, glatt
Staubzucker zum Bestreuen

DAZU PASST

Fein-pikante Beerenauslese aus Riesling, Sauvignon Blanc oder Welschriesling.

ZUBEREITUNG

Eine ovale Auflaufform von ca. 30 x 20 cm mit weicher Butter ausstreichen. Im vorgeheizten Backrohr kurz erhitzen.
Eiweiß mit Kristallzucker und Vanillezucker zu steifem Schnee schlagen. Dotter mit Zitronenschale verrühren, vorsichtig unter den Schnee rühren.
Mehl mit dem Schneebesen oder Teigspachtel vorsichtig unterheben. Ein Drittel der Masse mittels Teigkarte zu einer glatten Nocke formen. Nocke in die Form setzen. Vorgang zweimal wiederholen.
Auf dem Rost backen, mit Staubzucker bestreuen.

BACKEN 2. Schiene von unten, 220 °C Ober-/Unterhitze

BACKDAUER ca. 7–9 Minuten

TIPP Salzburger Nockerl sollen innen noch cremig sein und müssen sofort serviert werden.

Sachertorte

ZUTATEN FÜR 3 NOCKERL

80 g Kuvertüre
180 g Mehl, glatt
ca. 250 g Marillenmarmelade
nach Bedarf Butter zum Ausstreichen
nach Bedarf Mehl zum Bestauben
Kristallzucker zum Stürzen
180 g Butter, handwarm
80 g Staubzucker
1 EL Vanillezucker
8 Dotter
8 Eiweiß
150 g Kristallzucker
<u>für die Sacherglasur</u>
300 g Kristallzucker
250 g Kuvertüre, gehackt

DAZU PASST

Roter Schilfwein, rote Beerenauslese oder weiße Trockenbeerenauslese mit mindestens 10 Jahren Reife.

ZUBEREITUNG

Kuvertüre für die Torte zerkleinern, im Wasserbad schmelzen. Mehl sieben, Marillenmarmelade mit einer Teigkarte durch ein Sieb streichen.
Einen Tortenreifen in Papier einschlagen oder eine Springform mit Butter ausstreichen und mit Mehl ausstauben. Backtrennpapier mit Kristallzucker zum Stürzen der gebackenen Torte bestreuen.
Butter, Staubzucker, Vanillezucker und Kuvertüre in der Küchenmaschine schaumig rühren. Dotter nach und nach beigeben. Eiweiß mit Kristallzucker cremig-steif schlagen. Ein Drittel mit einem Kochlöffel zügig unterrühren. Restlichen Schnee und Mehl abwechselnd unterheben. Masse in eine Tortenform füllen, mit einer Teigkarte zum Formrand hochstreichen, im vorgeheizten Backrohr backen.
Ausgekühlte Torte mit einem kleinen Messer aus der Form lösen, auf das bezuckerte Backtrennpapier stürzen, in der Mitte waagrecht durchschneiden. Unteren Teil mit kalter Marillenmarmelade bestreichen, auf einen Tortenkarton legen. Tortenoberteil daraufsetzen, dünn mit heißer Marillenmarmelade einstreichen und auf ein Glasiergitter heben.
Für die Glasur Kristallzucker mit ⅛ l Wasser in einer Kasserolle aufkochen. Mit einem nassen Küchenpinsel Zuckerkristalle vom Rand der Kasserolle wischen. Oberfläche der Flüssigkeit mit einem Schaumlöffel abschäumen. Kuvertüre einrühren, vollständig schmelzen lassen. Bis zu einer Temperatur von 109 °C kochen (Thermometer verwenden). Glasur vom Herd nehmen und durch ein Sieb gießen.
Weitere Schritte finden Sie auf S. 110.

Ca. ein Viertel der Glasur auf eine Steinplatte gießen und mit einer Palette hin und her verstreichen (tablieren). Verbliebene Glasur in der Kasserolle zwischendurch mit einem Kochlöffel langsam rühren, damit sich keine Haut bildet. Dickflüssige Glasur zurück zur warmen Glasur geben und durchrühren. Vorgang wiederholen, bis die Glasur dickflüssige Konsistenz und ca. 60 °C aufweist. Rasch über die Torte gießen, sofort mit 1–2 Strichen oben und seitlich glatt verstreichen. Erstarren lassen, abgelaufene Glasur mit einem kleinen Messer abtrennen.

BACKEN 2. Schiene von unten, 170 °C Ober-/Unterhitze

BACKDAUER ca. 55 Minuten

Vanillekipferl

ZUTATEN FÜR CA. 50 STÜCK

220 g Butter, kalt
30 g Vanillezucker
280 g Mehl, glatt
100 g Staubzucker, gesiebt
150 g Haselnüsse, gerieben
Prise Salz
Mehl zum Arbeiten
200 g Vanille-Staubzucker
Vanillezucker zum Bestreuen

ZUBEREITUNG

Butter in Würfel schneiden. Mit Vanillezucker, Mehl, Staubzucker, Nüssen und Salz rasch zu einem Teig verarbeiten. Einen Ziegel formen und zugedeckt etwa 1 Stunde im Kühlschrank rasten lassen.
Teig auf einer bemehlten Arbeitsfläche zu gleichmäßigen, ca. 2–3 cm dicken Rollen formen. In ca. 1 cm breite Stücke schneiden. Kipferl formen, auf ein mit Backtrennpapier belegtes Blech legen und im vorgeheizten Rohr auf der 2. Schiene von unten bei 180 °C Ober-/Unterhitze ca. 15 Minuten backen. Noch heiß in Vanille-Staubzucker wälzen. Ausgekühlt nochmals mit Vanillezucker bestreuen.

Kokosbusserl

ZUTATEN FÜR CA. 50 STÜCK

5 Eiweiß
270 g Staubzucker, gesiebt
220 g Kokosraspeln
60 g Kristallzucker
40 g Glucose oder Honig

ZUBEREITUNG

Über einem Wasserbad 3 Eiweiß und Staubzucker mit einem Schneebesen warm aufschlagen (40 °C), abkühlen lassen. Mit der Rührmaschine und Schneebesen zu cremig-steifem Schnee schlagen.
Kokosraspeln, Kristallzucker und 2 Eiweiß mit Glucose (Honig) vermischen, unter den Eischnee mischen.
Masse in einer Kasserolle auf dem Herd unter Rühren bei mäßiger Hitze bis ca. 40 °C erwärmen. In einen Dressiersack mit Lochtülle (Nr. 8) füllen.
Auf ein mit Backtrennpapier belegtes Blech Busserl dressieren und im vorgeheizten Rohr backen.
Ausgekühlt in gut verschließbare Dosen schlichten.

BACKEN 2. Schiene von unten, 180 °C Ober-/Unterhtze

BACKDAUER ca. 12 Minuten

TIPP Tunken Sie den Boden der ausgekühlten Busserl in temperierte Kuvertüre. Das schmeckt hervorragend und die Busserl sind dann länger haltbar.

Topfenauflauf

ZUTATEN FÜR 6 PORTIONEN

100 g Butter, handwarm
25 g Staubzucker
1 Pkg. Vanillezucker
etwas Bio-Zitronenschale, abgerieben
4 Dotter
500 g Topfen, 20 %, passiert
1/16 l Sauerrahm
37 g Mehl, glatt
4 Eiweiß
80 g Kristallzucker
Öl zum Einstreichen
Butter zum Ausstreichen

DAZU PASST

Fein-pikante Beerenauslese oder junger Eiswein, junger Eiswein oder flaschenvergorener Sekt.

ZUBEREITUNG

Butter, Staubzucker und Vanillezucker mit Zitronenschale schaumig rühren, nach und nach Dotter einrühren. Topfen und Sauerrahm verrühren, mit dem Butter-Dotter-Abtrieb mischen. Mehl unterrühren. Eiweiß und Kristallzucker gemeinsam zu cremig-steifem Schnee schlagen, unter die Masse heben.
Eine Kuchenform zart mit Öl ausstreichen, mit Backtrennpapier auskleiden, mit weicher Butter einstreichen. Masse in die Kuchenform einfüllen, im vorgeheizten Backrohr backen.
Fertigen Auflauf kurz rasten lassen, stürzen und portionieren.

BACKTEMPERATUR 150 °C Ober-/Unterhitze

BACKDAUER ca. 70 Minuten

BEILAGENEMPFEHLUNG Beerensaucen, Vanillesauce

VARIATION FÜR TOPFENSTRUDEL die vorbereitete Kuchenform mit fertigem Strudelteig auskleiden. Topfenmasse mit 40 g Rosinen vermischen, in die Form einfüllen, verstreichen. Überhängenden Teig nach innen legen, mit flüssiger Butter bestreichen. Mit Teig abdecken. Im vorgeheizten Rohr bei 165 °C ca. 70 Minuten backen, kurz rasten lassen, stürzen, wenden und portionieren.

Mohr im Hemd

ZUTATEN FÜR 6 PORTIONEN

Butter zum Ausstreichen
Kristallzucker zum Ausstreuen
50 g Kuvertüre
50 g Butter
3 Dotter
50 g Walnüsse, gerieben
25 g Semmelbrösel
3 Eiweiß
50 g Zucker
1 KL Vanillezucker
Prise Salz
Schokosauce (s. S. 90)
Schlagobers zum Garnieren

DAZU PASST

Roter Schilfwein oder rote Beerenauslese. Alternativ weiße Trockenbeerenauslese mit mindestens 10 Jahren Reife.

ZUBEREITUNG

Kleine Auflaufformen mit weicher Butter ausstreichen, mit Zucker ausstreuen, überschüssigen Zucker ausschütteln, Formen kaltstellen.
Kuvertüre in Stücke brechen, im Wasserbad lippenwarm schmelzen. Handwarme Butter schaumig rühren, Kuvertüre einrühren, nach und nach Dotter hinzufügen. Walnüsse und Semmelbrösel vermischen; Eiweiß mit Zucker, Vanillezucker und Salz zu cremig-steifem Schnee schlagen. Eischnee und Nuss-Brösel-Mischung unter den Abtrieb heben.
Masse am besten mit einem Spritzsack ohne Tülle drei Viertel hoch in die Formen einfüllen. In einem auf 90 °C temperierten, mit Küchenkrepp ausgelegten Wasserbad zugedeckt bei 170 °C Ober-/Unterhitze 35 Minuten auf unterer Schiene backen. Anschließend die Oberfläche mit den Fingerkuppen gerade drücken.
Während des Backens die Sauce zubereiten. Auflauf auf warme Teller stürzen, mit Schokoladensauce überziehen und mit geschlagenem Obers garnieren.

Wiener Eiskaffee

ZUTATEN FÜR 4 PORTIONEN

70 g Kaffee, gemahlen, für Filterkaffee
5 g Löskaffee
10 g Vanillezucker
60 g Kristallzucker
80 g Obers oder Kaffeeobers
12 g Inländerrum
zum Anrichten
8 Kugeln Vanilleeis
Obers, geschlagen
Kaffee, gemahlen, oder Kakaopulver

ZUBEREITUNG

Filterkaffee mit 1 l Wasser brühen, Löskaffee, Vanillezucker, Kristallzucker und Obers einrühren, nochmals aufkochen. Nach dem Erkalten Rum einrühren.
Jeweils 2 Kugeln Vanilleeis in hohe, vorgekühlte Eiskaffeegläser geben. Mit gut gekühltem Kaffee bis ca. 2,5 cm unter den Rand auffüllen. Eine große Rosette geschlagenes Obers obenauf dressieren, mit etwas gemahlenem Kaffee (Kakao) bestreuen.

TIPP An Stelle von Filterkaffee kann man auch Espresso verwenden.

Wiener Küchenlexikon

A

Abfrischen: mit kaltem Wasser abkühlen
Abrühren: feste und flüssigere Bestandteile verrühren
Abschwemmen: mit Wasser abwaschen
Abtreiben: schaumig verrühren
Abtrieb: schaumig gerührte Masse, meist aus Butter und Dotter
Ausbacken: kurz für → herausbacken

B

Backen: in Österreich verwendet man den Begriff „backen" auch für die Zubereitung in einer Pfanne auf dem Herd sowie als Abkürzung für herausbacken
Backhendl: Backhuhn, paniertes Hühnchen
Backrohr: Backofen, Herd
Beinfleisch: Querrippe
Beiried: Rumpf- oder Lendenstück
Bestauben: bestäuben
Beusch(e)l: a) Lunge; b) aus Lunge zubereitetes Gericht
Blunzn: Blutwurst
Braun: dunkel (Suppen und Saucen)
Brimsen: Schaffrischkäse
Bummerlsalat: Eisbergsalat
Busserl: wörtlich „Kuss", bei süßem Gebäck sind runde, erhaben aufdressierte Plätzchen gemeint
Butterabtrieb: mit anderen Zutaten schaumig gerührte Butter

D

Dampfl: Vorteig für Hefeteig
Dotter: Eigelb
Durchzogen: durchwachsen
Dürre: Brühwurst

E

Ei verschlagen: Eiweiß und Dotter mit einer Gabel homogen verrühren
Erdäpfel: Kartoffeln
Essiggurkerl: saure Gurke
Estragonsenf: mit Estragon gewürzter, in Österreich viel verwendeter mittelscharfer Senf; alternativ nicht zu scharfen Senf nach Wahl verwenden
Extrawurst: feine Brühwurst

F

Faschieren: durch den Fleischwolf drehen
Faschiertes: Hackfleisch
Fisolen: grüne Bohnen
Fleckerl: österreichische Nudelspezialität, quadratisch bis rautenförmig, am ehesten durch Farfalle zu ersetzen
Fleischer: Metzger
Frankfurter: Wiener Würstchen
Fülle: Füllung

G

Gebäht: geröstet
Gelbe Rübe: Die in Österreich verwendeten Gelben Rüben sind in Deutschland kaum bekannt und nicht zu verwechseln mit den in Teilen Deutschlands als Gelbe Rüben bezeichneten Karotten/ Möhren.

Germ: Hefe
Gesotten: siehe → sieden
Grammeln: Grieben
Gustostück: besonders beliebtes und schmackhaftes Teilstück vom Rind

H

Häupt(e)l: Kopf
Häuptelsalat: grüner Salat
Hendl: Huhn
Herausbacken: in schwimmendem Fett garen, frittieren
Hesperiden-Essig: Markenname eines in Österreich viel verwendeten Essigs mit 7,5 % Säure; besteht aus Weingeistessig, Weinessig sowie Apfelsaftkonzentrat
Hüferschwanzel: Hüftspitze

I

Inländerrum: traditionelle österreichische Spirituose, unter dem Markennamen Stroh Rum erhältlich

K

Kaffeeobers: Kaffeesahne
Karfiol: Blumenkohl
Karotte: Möhre
Kavalierspitz: unter dem → Kruspelspitz gelegenes Rindfleischteilstück
Kessel: Rührschüssel
Kochsalat: Lattich, Bindesalat, römischer Salat
Kohl: Wirsing
Kohlsprossen: Rosenkohl
Kraut: Weißkohl
Kren: Meerrettich
Kristallzucker: Haushaltszucker
Kruspelspitz: ausgelöste Zwischenrippe

L

Lauch: Porree
Lochschöpfer: Schaumlöffel
Löskaffee: Instantkaffee, Nescafé
Lungenbraten: Filet

M

Marille: Aprikose
Maroni: Esskastanien
Mehl, glatt: in Österreich viel verwendetes Mehl, fein gemahlen (die Ausmahlgrade von Mehl sind in Österreich anders als in Deutschland); geeignet für Massen und Mehlteige, durch Mehl Type 405 zu ersetzen
Mehl, griffig: etwas gröber gemahlenes Mehl, am ehesten mit Dunstmehl vergleichbar; geeignet für Knödel und Kartoffelteig

N

Nocken: größere → Nockerl (Bedeutung b)
Nockerl: a) Knöpfle, Spätzle; b) (meist mit einem Löffel) aus einer weichen Masse ausgestochene Form

O

Obers: kurz für → Schlagobers
Ochsenschlepp: Ochsenschwanz

P

Panier: Panüre, in Deutschland meist als Panade bezeichnet
Paradeiser: Tomaten

R

Rindsuppe: klare Rinderbrühe
Rohr: kurz für → Backrohr
Rostbraten: flaches Roastbeef, Lende bzw. aus diesen Teilstücken zubereitetes Gericht
Rostbratenried: hohes Roastbeef
Röster: angedickter Fruchtkompott

S

Saft: zu Sauce verarbeitete Garflüssigkeit
Sämig: cremig, dickflüssig
Sauerrahm: saure Sahne
Schale: mageres Keulenfleisch
Schlagobers: Sahne
Schlögel: Keule
Schlichten: einschichten
Schneekessel: siehe → Kessel
Schöpfer: Suppenkelle
Schulterscherzel: Schaufelstück
Selchen: räuchern
Semmel: Brötchen, Schrippe
Semmelbrösel: Paniermehl
Siebschöpfer: Schaumlöffel
Siedefleisch: gekochtes Fleisch bzw. Fleisch zum Kochen
Speckig: festkochend
Stauben: stäuben
Staubzucker: Puderzucker
Stelze: Hachse, Haxe
Suppe (als Rezeptzutat): klare Brühe

T

Tafelspitz: äußerstes Ende des Rinderschwanzstückes
Tafelstück: verlängerter → Tafelspitz
Topfen: Quark
Tranche: Scheibe, Schnitte

U

Überkühlen: kurz abkühlen lassen
Unterspickt: durchwachsen

V

Vogerlsalat: Rapunzel, Feldsalat

W

Wadschinken: Wadenfleisch vom Rind
Weißes Scherzel: hinteres Schwanzstück vom Rind

Z

Zuparieren: anderer Ausdruck für → parieren
Zuputzen: anderer Ausdruck für → putzen und → parieren

Rezeptregister

IMPRESSUM

Wir danken Willi Klinger, Geschäftsführer der Österreich Wein Marketing GmbH, sowie Gabriele Burian, Bereichsleiterin Kommunikation der Österreich Wein Marketing GmbH, für die Weintipps.

Bibliografische Information der Deutschen Nationalbibliothek
Die Deutsche Nationalbibliothek verzeichnet diese Publikation in der Deutschen Nationalbibliografie; detaillierte bibliografische Daten sind im Internet über http://dnb.d-nb.de abrufbar.

1. Auflage

Fotografie: Eisenhut & Mayer
Grafikdesign: Sabine Kunzmann
Lektorat: Else Rieger
Druck: GRASL FairPrint, Bad Vöslau, www.grasl.eu
Abbildungsnachweis:
Seite 11, 24, 29, 96, 101, 102, Imagno / Seite 14, 38, 86, 118, 123, Shutterstock / Seite 124, 123 RF
Seite 60, 63, Mario Plachutta Ges.m.b.H.
Illustrationen: Shutterstock

ISBN 978-3-7106-0072-2

Christian Brandstätter Verlag GmbH & Co KG
A-1080 Wien, Wickenburggasse 26
Telefon (+43-1) 512 15 43-0
Telefax (+43-1) 512 15 43-231
E-Mail: info@brandstaetterverlag.com
www.brandstaetterverlag.com

Designed in Austria, printed in the EU

Für unsere Umwelt
Klimaneutrale Produktion
Erneuerbare Energie
Nachhaltiges Papier
Pflanzenölfarben

Dieses Produkt entspricht dem Österreichischen Umweltzeichen
für schadstoffarme Druckprodukte (UZ 24), UW-Nr. 715
Grasl FairPrint, Bad Vöslau, www.grasl.eu